DESIGN DIGITAL

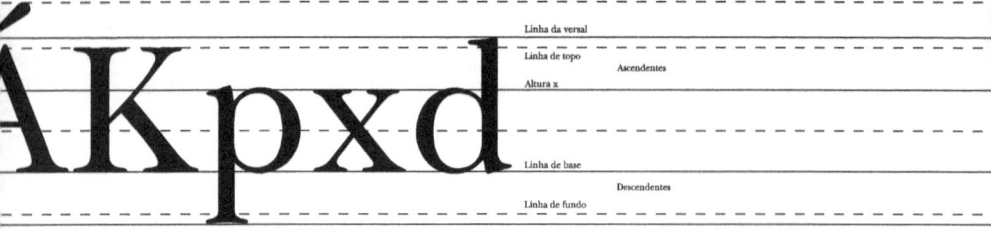

 Os livros dedicados à área de Design têm projetos que reproduzem o visual de movimentos históricos. Neste módulo, as aberturas de partes e capítulos com estudos de proporção e diagramas de construção fazem menção aos estudos tipográficos clássicos, que pautam até hoje a construção de tipos e páginas de livros.

DESIGN DIGITAL

Leandro da Conceição Cardoso

Rua Clara Vendramin, 58 . Mossunguê . CEP 81200-170 . Curitiba . PR . Brasil
Fone: (41) 2106-4170 . www.intersaberes.com . editora@intersaberes.com

Conselho editorial
Dr. Ivo José Both (presidente)
Dr.ª Elena Godoy
Dr. Neri dos Santos
Dr. Ulf Gregor Baranow

Editora-chefe
Lindsay Azambuja

Gerente editorial
Ariadne Nunes Wenger

Assistente editorial
Daniela Viroli Pereira Pinto

Edição de texto
Larissa Carolina de Andrade
Caroline Rabelo Gomes

Capa
Iná Trigo (design)
Yuliya Podlinnova/Shutterstock (imagem)

Projeto gráfico
Bruno Palma e Silva

Diagramação
Cassiano Darela

Equipe de design
Sílvio Gabriel Spannenberg
Iná Trigo

Iconografia
Regina Cláudia Cruz Prestes

Dados Internacionais de Catalogação na Publicação (CIP)
(Câmara Brasileira do Livro, SP, Brasil)

Cardoso, Leandro da Conceição
   Design digital/Leandro da Conceição Cardoso. Curitiba: InterSaberes, 2021.
   Bibliografia.
   ISBN 978-65-5517-934-7
   1.Design 2. Design – Artes gráficas – Ilustração 2. Título.

21-54759   CDD-745.4

Índices para catálogo sistemático:
1. Design: Artes   745.4

Aline Graziele Benitez – Bibliotecária – CRB-1/3129

1ª edição, 2021.
Foi feito o depósito legal.
Informamos que é de inteira responsabilidade do autor a emissão de conceitos.
Nenhuma parte desta publicação poderá ser reproduzida por qualquer meio ou forma sem a prévia autorização da Editora InterSaberes.
A violação dos direitos autorais é crime estabelecido na Lei n. 9.610/1998 e punido pelo art. 184 do Código Penal.

SUMÁRIO

Apresentação **8**

1 **Produção de design no meio digital** **14**

1.1 Aplicação do design digital no meio corporativo **20**

1.2 Produções funcionais de design digital **21**

1.3 Meio digital e a cultura da convergência **26**

1.4 Gestão de projeto de design para o meio digital **30**

2 **Design de aplicativos** **50**

2.1 Tipos de design **53**

2.2 Design de aplicativos móveis **54**

2.3 Design de aplicativos corporativos **58**

2.4 Design de interface **62**

2.5 Desenvolvimento de design de aplicativos **66**

3 **Web design** **84**

3.1 Construção de arquivo HTML5 **87**

3.2 Introdução ao CSS e indexação ao arquivo HTML5 **97**

3.3 Mapa de site **108**

3.4 Construção do layout em *softwares*, aplicativos ou plataformas *on-line* **111**

3.5 Registro de domínio e servidor de hospedagem **113**

4   **Design responsivo** 118

    4.1   Sites com design responsivo 121

    4.2   *Mobile first* 129

    4.3   Aplicação dos fundamentos de design responsivo 139

    4.4   Design responsivo para comércio eletrônico 149

5   **Interface de usuário** 156

    5.1   A evolução da interface 158

    5.2   Design de interface 161

    5.4   Experiência do usuário (UX) e interface do usuário (UI) 183

6   **Padrões e tendências digitais** 192

    6.1   Sistemas de design 196

    6.2   Padrões de imagens para uso digital 200

    6.3   Pesquisa e identificação de problemas no mercado 203

    6.4   Inovação e diferenciação como estratégia de design 206

    6.5   Projeto digital, transmídia e crossmídia 210

    6.6   Tendências *mobile* e *apps* 221

Considerações finais 226

Referências 230

Sobre o autor 238

APRESENTAÇÃO

A produção de quaisquer peças de design digital exige a aplicação dos fundamentos do design, elemento que serve como alicerce da criação. Esse alicerce, contudo, também tem seu sustentáculo: a história da arte, pela qual é possível compreender a estética, os símbolos e as imagens que geram diferentes efeitos, até mesmo de maneira inconsciente, nos consumidores do produto final. As criações do design digital podem ser peças voltadas à mídia *off-line*, caracterizada por campanhas impressas e sem interação com o consumidor, ou mídia *on-line*, voltada ao mercado digital, podendo interagir com o público-alvo e ser totalmente personalizada.

O design digital trabalha com conceitos teóricos relacionados a princípios da semiótica, como signo, significado e significante, que são termos importantes para se pensar a representação de uma imagem e, consequentemente, de um projeto de design digital. As empresas especializadas em marketing, ou as organizações que têm um departamento interno de marketing, precisam estar sempre atentas às inovações das mídias *off-line* e, sobretudo, das *on-line*, que apresentam dia a dia novas opções e soluções a serem empregadas. No mercado digital, os *notebooks*, os *tablets* e, principalmente, os *smartphones* proporcionam novas maneiras de se comunicar com o público-alvo, e esses meios de comunicação podem ser desenvolvidos pelo design digital, por exemplo, com a criação de peças totalmente personalizadas para cada indivíduo.

Como é sabido, a tecnologia avança rapidamente e tende a ser absorvida de maneira ainda mais rápida pela sociedade digital do que pelas empresas. Dessa forma, é importante que o departamento de Design Digital esteja sempre antenado e em sintonia com as constantes inovações, que acabam por afetar também o próprio consumidor. Diante desse contexto, exploramos, neste livro, o caráter desse novo consumidor, a psicologia do consumo e o processo pelo qual as empresas procuram entender esse cliente: a construção de personas.

O design gráfico, que estabelece diversos paramentos para a composição de peças impressas, é a base do design digital, que se apropria, principalmente, dos avanços tecnológicos a fim de propor soluções inovadoras de maneira personalizada. Assim, o design digital é um grande aliado para que as estratégias de marketing alcancem resultados positivos, desde que receba do departamento de marketing informações eficientes para o desenvolvimento de projetos.

Nos projetos de design digital, a usabilidade é um fator extremamente importante, sendo amparada pelos conceitos de experiência do usuário (UX) e interface do usuário (UI). Tais fatores influenciam o comportamento dos usuários quando estão utilizando o projeto de design digital. As novas tendências de convergência e o desenvolvimento de projetos responsivos ou adaptados a certos dispositivos devem ser planejados desde a concepção do layout e da identidade visual até o encerramento do projeto.

Portanto, ao longo dos capítulos deste livro, apresentamos exemplos e plataformas que podem ser utilizados em sua prática estudante, a fim de fixar o conhecimento, aprofundar-se nos estudos e formular seus primeiros projetos de design digital.

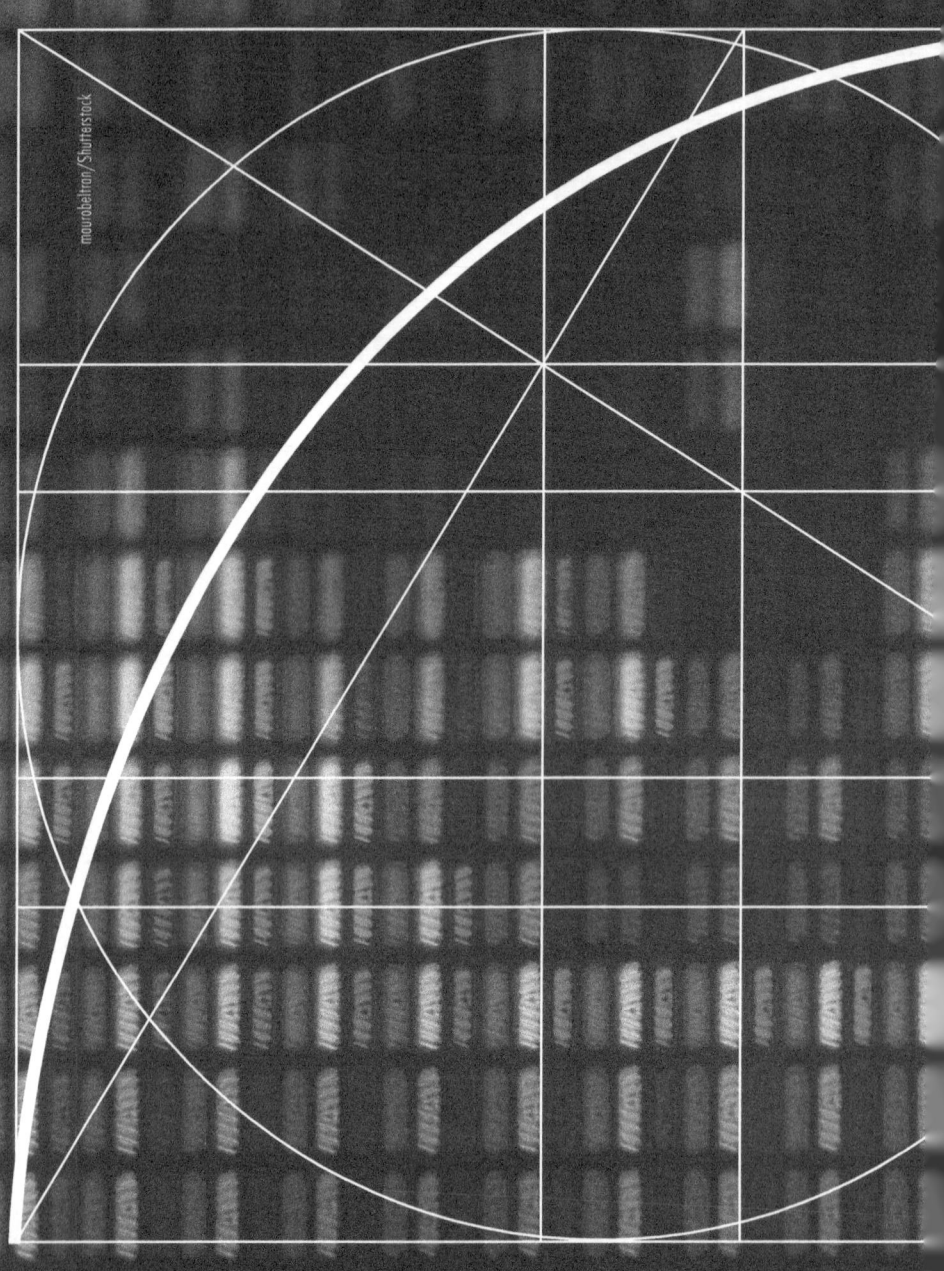

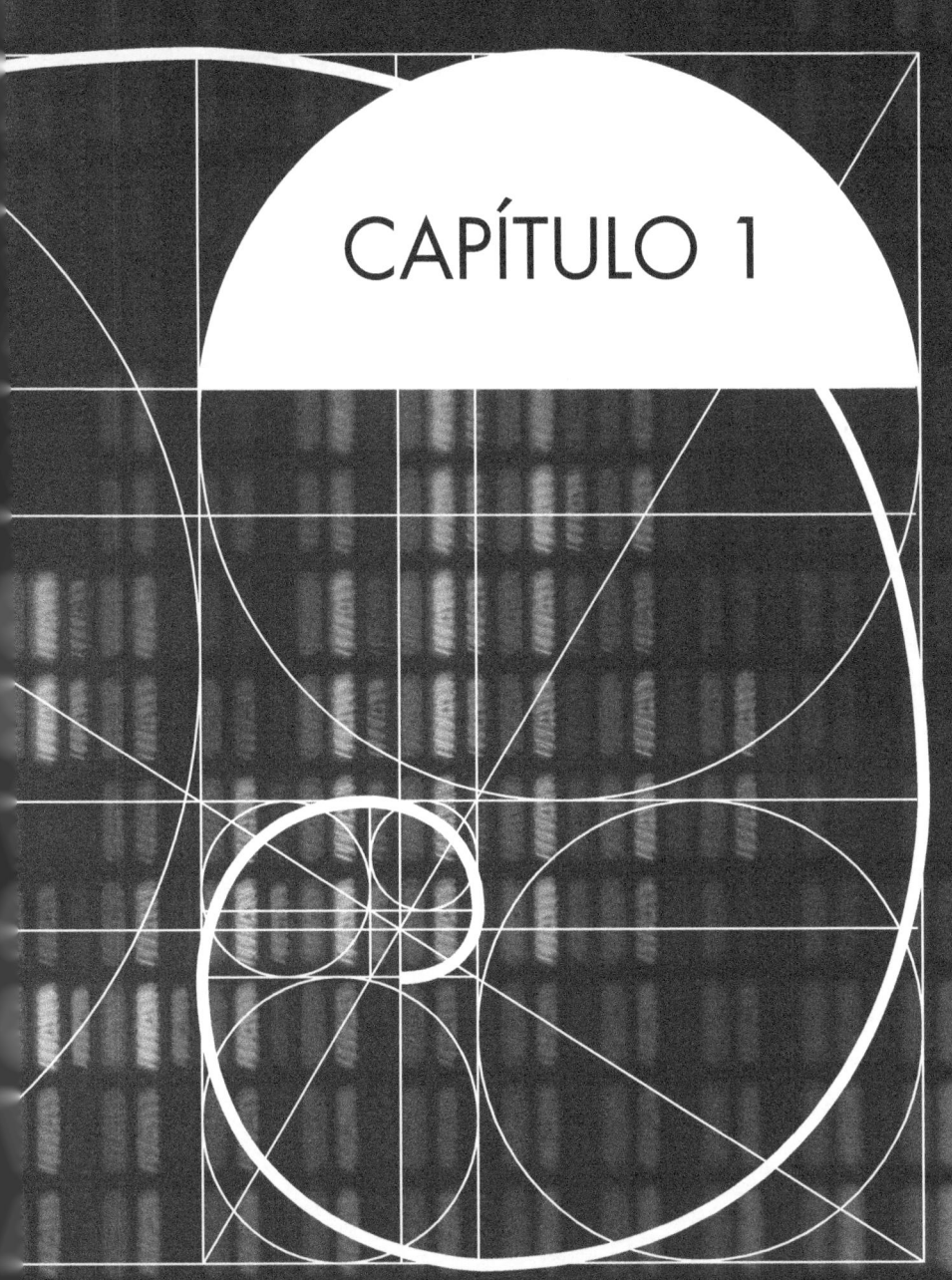

CAPÍTULO 1

PRODUÇÃO DE DESIGN
NO MEÍO DIGITAL

O modo de se comunicar e receber informações proporcionado pelas mídias *off-line*, como jornal, rádio e televisão, era, tradicionalmente, sem interações, mas isso mudou de maneira drástica com o avanço da tecnologia de comunicação e informação. A internet é o instrumento que melhor representa a revolução tecnológica dos meios *off-line*, uma vez que converteu a sociedade para a **era digital** (Carrera, 2009). Logo, o design também foi fortemente influenciado pela internet, sobretudo no que diz respeito à produção de design no meio digital, o que modificou, por consequência, o modo de trabalhar nesta e em outras áreas, as quais tiveram de passar por adaptações com a chegada das novas ferramentas de comunicação.

A sociedade contemporânea, alocada na era digital, tem sido, por muitos estudiosos, denominada *sociedade digital*. Essa constatação torna-se evidente ao se observar ao redor a quantidade de computadores, *smartphones*, *tablets*, *notebooks* e outros dispositivos que fazem parte do cotidiano atual. Tais dispositivos não são apenas utilizados por empresas para divulgar campanhas de marketing, comércio e serviços, mas também funcionam como facilitadores em termos de sociabilidade e, além disso, proporcionam acesso ao entretenimento, à política e a relacionamentos diversos. A definição de ***sociabilidade*** está sendo entendida, neste livro, como: prazer de levar uma vida em comum; inclinação a viver em companhia de outros.

Ao mesmo tempo que, na sociedade digital, o acesso e a execução de serviços se tornaram mais fáceis, paralelamente ocorreu uma grande substituição da mão de obra humana. Coube à sociedade adaptar-se: abrir um novo leque de possibilidades e especializações, principalmente nas áreas de produção de design no meio digital, marketing digital, tecnologias da inteligência etc. Vale lembrar que essa dinâmica já esteve em curso em outros momentos históricos, como na Revolução Industrial. Concentrando-se no design, uma de suas finalidades é apresentar projetos que possam ser reproduzidos em alta escala, e todas as reproduções devem ser fiéis ao projeto original. O design difere das artes, pois, no âmbito artístico, dificilmente outra pessoa consegue reproduzir fielmente a mesma pintura, escultura, artes plásticas etc. Por sua vez, o design digital permite que uma peça de design seja reproduzida em massa, podendo apresentar igualmente um caráter personalístico, visto que o avanço das tecnologias digital e gráfica de produtos impressos propicia a impressão digital.

Um ponto importante para o design é o **planejamento**, que deve integrar todos os projetos. O ato de planejar é um exercício de definição de conceitos que serão executados em um projeto funcional e atraente. De forma geral, o desenvolvimento do projeto deve ir ao encontro de vários princípios essenciais que fundamentam uma ou mais alternativas relacionadas aos resultados. Assim, na área de design, o objetivo inicial é elaborar um layout.

No layout, são aplicados os princípios básicos do design. O layout do meio impresso, como revistas, anúncios, livros, fôlderes, entre outros, geralmente evidencia com mais facilidade a aplicação desses princípios. Entretanto, na produção de design no meio digital, tais ferramentas também estão presentes em aplicativos e sites, denominados *wireframe*, que significa a constituição de um protótipo utilizado na produção de design no meio digital para indicar a estrutura do site, aplicativo ou outra peça digital. Ele pode ser somente um esboço, um rascunho ou uma ilustração semelhante à produção que será desenvolvida, na qual já podem ser inseridas as informações do layout, essenciais para se ter uma ideia mais concreta do projeto final.

O layout é iniciado com um esboço no qual se planeja a aplicação dos princípios básicos do design. Mesmo antes de ser finalizado, o layout pode ser apresentado ao cliente para que este tenha as primeiras impressões do andamento do projeto. Após essa etapa, e com o layout mais aprimorado, inserem-se outros elementos, como tipos de letras (tipografia), que podem pertencer a uma família tipográfica, com fontes específicas para títulos, subtítulos, conteúdos e demais informações. As ilustrações, a disposição das fotografias e a diagramação, de forma geral, já devem estar previstas no layout, sendo norteadas pelos princípios básicos do design e respeitando o objetivo de cada projeto, que pode ser, por exemplo, uso de sites, aplicativos e redes sociais.

Uma das funções da produção de design no meio digital é a **transmissão de conteúdo**. A informação e a comunicação são elementos essenciais aos seres humanos desde muito tempo. Na Idade da Pedra, por exemplo, caçar animais de grande porte não era uma ação individual, mas empregada por um grupo de caçadores. A comunicação entre os indivíduos desse grupo garantia o êxito na execução de um ataque coordenado a um animal. Assim, a necessidade comunicacional fez com que a linguagem humana evoluísse, tornando-se fundamental. Essa linguagem, hoje, é de suma importância para a sociedade digital, sobretudo quando se pensa que o modo de comunicação tem sofrido modificações velozes.

Remontando ao início da organização social, com o surgimento das primeiras civilizações, o governo, no papel de Estado, observou que era necessário propagar as informações para a população de maneira eficiente e consolidada. A escrita, nesse sentido, supriu essa defasagem, uma vez que passou a registrar as narrativas. Assim, não haveria mais necessidade de o ser humano guardar informações em sua memória, bastaria consultá-las. É possível asseverar que a linguagem, na modalidade verbal escrita, instaurou uma mudança de paradigma, pois, por meio do ato de escrever e ler, a informação pôde ser compreendida por muitos indivíduos. Tendo isso em vista, na produção de design no meio digital, defendemos que sejam desenvolvidos projetos de fácil compreensão para todos os públicos.

As tecnologias de informação e comunicação tiveram avanços surpreendentes. Algumas invenções remontam a tempos passados, mas ainda são utilizadas até hoje, como o papel, a imprensa, a calculadora etc. No entanto, o marco da evolução tecnológica ocorreu no século XX, com a invenção dos computadores e das redes de informação, conhecidas como *redes informáticas*, nas quais os computadores conectam-se entre si e comunicam-se em redes.

A invenção dos computadores e das redes de informação desencadeou a necessidade de produção de design no meio digital. Os profissionais que atuam nessa área utilizam técnica e criatividade na criação de interfaces digitais que sejam interativas, inovadoras e eficazes. A criação de uma vertente especializada na área de design fez-se necessária para que se pudesse desenvolver novas soluções digitais. Essa área de especialização foi forjada pelo surgimento e pela rápida evolução das mídias digitais, aliando à produção de design conceitos advindos da programação visual. Além disso, os profissionais em design digital utilizam a criatividade e o senso estético, devidamente fundamentados e com embasamento visual-cultural, para produzir vários produtos direcionados a diversos suportes da mídia digital. Para isso, estudam a técnica relacionada ao uso das ferramentas adequadas para o meio de produção digital, de acordo com as soluções que serão criadas para mídia interativa e digital. A seguir, listamos alguns ramos de trabalho:

- animação em 2D ou 3D;
- lojas virtuais;
- edição e efeitos especiais de vídeo;
- design de informação;
- projetos de ensino a distância (EAD);
- design de interação;
- edição e manipulação de imagens e fotografia digital;
- soluções para TV digital (futuramente mais interativa);
- desenvolvimento de interfaces de *games*;
- web design.

A área de atuação para a produção de design no meio digital é bem ampla. O profissional pode atuar em empresas de produção de mídias interativas e digitais, emissoras de televisão, produtoras de cinemas, além de executar trabalhos tradicionais, como desenvolvimento de websites, *games* e aplicativos para *smartphones* e *tablets*.

1.1 **Aplicação do design digital no meio corporativo**

A utilização do design digital na comunicação institucional faz parte tanto do cotidiano das pessoas quanto da comunicação das empresas, a exemplo dos projetos tradicionais de comunicabilidade, como websites e aplicativos acessados em dispositivos móveis (*smartphones* e *tablets*). Por isso, uma das atribuições do designer digital é auxiliar as empresas na comunicação *on-line* com os clientes e, tendo em vista os avanços nessa área, é importante estar atento, diariamente, às novas soluções disponíveis.

Quando tratamos dos avanços, não nos referimos apenas aos avanços tecnológicos dos dispositivos móveis mencionados, que apresentam funções e recursos específicos, mas também às chamadas **tecnologias móveis embutidas em roupas**, que podem ser entendidas como pulseiras e relógios digitais sincronizados com os dispositivos móveis. Nesse quesito, é importante considerar tanto a quantidade de pessoas conectadas às redes sociais existentes quanto a chegada de novos produtos e serviços ao mercado, como os carros autônomos, a diversificação na entrega de produtos aos consumidores, que caminha para novas formas mais autônomas, por exemplo, o *delivery* com drones, possibilidade que vem sendo testada em países como Estados Unidos.

Tais avanços tecnológicos estão alterando a maneira de o ser humano viver e experimentar novos produtos, bem como de interagir entre as pessoas. Com isso, a produção de design no meio digital ocupa um lugar de relevância para a organização da sociedade e a comunicação das empresas com seu cliente. O que há em comum nessas tecnologias, seja em *delivery* por drones, seja simplesmente em websites e aplicativos, é que a interação com esses produtos e serviços ocorrem por meio de interfaces que precisam preocupar-se com a questão da usabilidade, configurando-se, portanto, como uma produção de design no meio digital. Além disso, há a necessidade de as empresas definirem sua forma de comunicação com seus clientes para que, assim, possam utilizar todos os recursos de design digital disponíveis.

1.2 Produções funcionais de design digital

O campo de atuação do design é muito vasto. Há várias especializações no mercado, como design de embalagens, de produtos, gráficos, entre outros. Tratando-se do meio digital, a gama de possibilidades é imensa. Ainda que a história do design digital caminhe paralelamente com a evolução tecnológica, existe a convergência de projetos que, antes, eram desenvolvidos somente para impressão, mas, atualmente, estão migrando para o digital. Há também os denominados *projetos mistos*, que consideram as versões física e digital de um produto, e os *projetos híbridos*, que são impressos, mas suas funcionalidades podem ser completadas e facilitadas nas versões digitais.

Os projetos híbridos podem ter funcionalidades como esclarecer dúvidas sobre produtos ou acessar informações complementares. O intercâmbio do projeto impresso para o digital é feito, muitas vezes, pelo acesso ao *Quick Response Code (QRCode)*, que, em português, significa "código de resposta rápida" e corresponde a um código que pode ser facilmente escaneado através das câmeras de *smartphones* ou *tablets* que tenham aplicativo de leitura de *QRCode*. Esse código é convertido em texto, endereçando a pessoa a uma página da internet, a um número de telefone ou WhatsApp, a uma localização georreferenciada, a um e-mail etc. Em outras palavras, o *download* de um aplicativo habilita diversas formas de interação que podem ser encontradas em um *smartphone* ou *tablet*. O *QRCode* também pode vir impresso em embalagens dos produtos, cartazes, revistas ou, até mesmo, estar disponíveis nas legendas de quadros de eventos e exposições, por exemplo. Para isso, é necessário apenas direcionar o leitor do dispositivo para o *QRCode* e, na sequência, obter informações adicionais. O *QRCode* pode, ainda, estar presente em outras experiências digitais, como no contexto televisivo em que, em uma propaganda de certo produto, o telespectador acessa, pelo código, informações adicionais ou executa a compra *on-line* do produto ou serviço desejado. Com a evolução do design digital, determinados projetos migraram totalmente para versões digitais, mas também existem projetos que já foram concebidos integralmente com ferramentas, recursos e direcionamento para serem executados em dispositivos digitais, são os chamados *nativos digitais*.

Considerando essas vastas possibilidades de produção no meio digital, é importante que, além da preocupação técnica com a arquitetura da informação – *front-end, back-end* – e com a experiência e interface do usuário (UI), os projetos sejam funcionais, desde um aplicativo, site, interfaces da TV digital e interativa, *totens* de diversos ambientes etc. Portanto, todos os projetos devem comprometer-se com a funcionalidade, a fim de proporcionar uma experiência agravável ao usuário e se destacar em meio a outros tantos projetos. Quando se trata do projeto de um site ou aplicativo, esse apontamento é ainda mais importante, pois, para esse tipo de projeto ser funcional, precisa manter-se alinhado às tendências atuais.

1.2.1 **Sites funcionais**

O desenvolvimento de um site é uma das mais tradicionais produções no meio digital. No processo de criação do layout, o profissional precisa prestar atenção na harmonização da **identidade visual** com todo o material do cliente. Também é necessária a atuação de um programador, que vai incrementar códigos mais avançados no site e cuidar do banco de dados. Esses dados da navegação dos usuários podem ser captados e, depois de interpretados, transformados em uma ferramenta útil para propor uma boa experiência no uso do site, de acordo com as tendências de navegação dos usuários.

Para ser funcional, é recomendável que o layout do site seja de fácil navegação e interação, a fim de atender igualmente o público que não conhece a empresa, produto ou serviço da página em que está navegando. Além disso, é preciso contemplar o público que não tem habilidades na utilização de sites, conhecido como *leigos*. Por mais avançadas que sejam as tecnologias, nem todas as pessoas são nativas digitais e já nasceram no mundo com acesso aos projetos de design digital. Por esse motivo, um site funcional deve levar em conta essas condições, em que, com apenas um ou dois cliques, o indivíduo já tenha as informações que busca em sua tela, seja ele uma pessoa experiente no mundo digital, seja inexperiente no âmbito tecnológico-digital.

O desenvolvimento de um bom layout, com todos os elementos organizados, deve prever boa experiência do usuário. Esse mecanismo é conhecido como *organização front-end* e é um fator positivo para o *Search Engine Optimization* (*SEO*), em português "otimização de mecanismos de busca". O **SEO** corresponde a um conjunto de técnicas de otimização para sites com o objetivo de deixá-los em evidência nos resultados das buscas orgânicas, isto é, aquelas que não são pagas nos mecanismos de buscas. Com isso, quando se utilizam os mecanismos de buscas, a otimização do SEO é de grande importância para os resultados obtidos no site, pois é preciso considerar que, um cliente que acessa o site mais de uma vez e não percebe nenhuma novidade, mesmo que seja na seção de notícias ou *blog*, provavelmente vai pensar antes de retornar a ele.

Dessa forma, além de ser benéfico, propondo boa navegação para o cliente, um site funcional possibilita que novos clientes busquem suas necessidades pela otimização dos resultados, com a busca das palavras-chave relacionadas ao site. Há várias medidas que podem tornar um site funcional, como:

- fidelizar clientes, mantendo um contato mais próximo;
- conquistar novos clientes;
- gerar banco de dados dos clientes;
- divulgar um novo produto, serviço ou promoção;
- divulgar a empresa.

Tais medidas, ainda que simples de serem desenvolvidas, tornam um site funcional, e esse aspecto pode estar evidente nas próprias expectativas do contratante do serviço de designer digital em relação ao projeto.

Além dos aspectos técnicos, como o SEO, e os elementos de identidade visual, outros fatores são importantes para que um site seja considerado funcional. A **manutenção**, por exemplo, interfere no modo como o site foi construído, se por meio de *softwares*, aplicativos ou plataformas *on-line*. Até mesmo em um site considerado simples, ou seja, que não disponha de um sistema complexo de *back-end* (relacionado à programação do sítio), a manutenção é um dos fatores que evitam problemas de funcionamento, sendo, portanto, um item fundamental. Assim, um site funcional deve aliar bom funcionamento à geração de conteúdo atualizado, a fim de que o cliente permaneça interessado na busca por novidades.

A manutenção deve considerar problemas com hospedagem e segurança, pois são prejudiciais para o SEO, fazendo com que o site fique inoperante para acessos e resulte em um mau posicionamento nos mecanismos de busca. Depois de ser acometida por um problema dessa natureza, a empresa pode levar dias ou até meses para recuperar um bom posicionamento e, por isso, é importante certificar-se de que todos os recursos do site estão funcionando, uma vez que tem se tornado comum as pessoas entrarem em contato com as empresas por meio de aplicativos de trocas de mensagens instantâneas, como o WhatsApp. No site, pode haver, por exemplo, um *link* que acesse o aplicativo do indivíduo diretamente na página de contato da empresa ou leve-o para um *chat* direto.

Dessa forma, a manutenção constante da página é um fator imprescindível na garantia do bom funcionamento dos formulários de contatos, principalmente para facilitar a inserção de informação no banco de dados da empresa, relacionado aos clientes que visitam o site. Para o cliente, a experiência de entrar em contato com uma empresa e não ser respondido é frustrante. Por essa razão, deve-se sempre tomar cuidado no diagnóstico de problemas nos formulários de contatos, para não perder orçamentos, por exemplo. Se os formulários apresentam problemas, é provável que a empresa não receba as notificações de contatos via site.

Vale mencionar que a empresa de hospedagem contratada influencia a funcionalidade de um site, principalmente se deixá-lo muito tempo inoperante. Assim, antes de fechar qualquer contrato, é necessário atentar para a porcentagem mensal de tempo prometido pela empresa para o site estar no ar.

1.3 Meio digital e a cultura da convergência

É bem provável que o termo **convergência**, forjado pelo professor Nicholas Negroponte (1943-), do Massachusetts Institute of Technology, tenha sido utilizado pela primeira vez em mídias digitais em meados de 1979. O professor organizou uma série de palestras com objetivo de arrecadar fundos para sua pesquisa, momento em que apresentou a *convergência* como um conceito que evidenciava a interseção entre os três principais ramos da comunicação e da informação, o que ele não sabia é que, em 2000, esse termo se tornaria uma tendência dominante, visto que a fusão tanto de empresas quanto de linguagens impossibilitaria a separação das áreas de trabalho (Fidler, 1997).

Figura 1.1 – **Exemplo de convergência no ramo da comunicação**

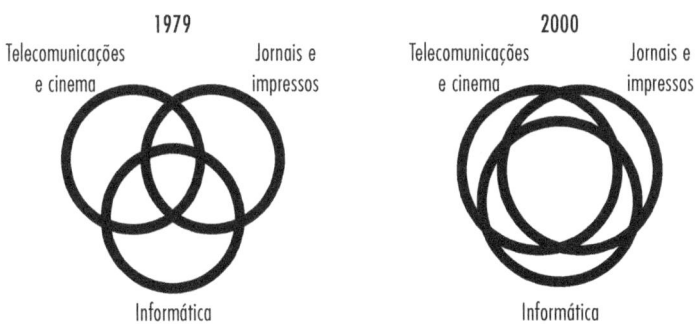

Fonte: Fidler, 1997, p. 25, tradução nossa.

Os profissionais que trabalham na produção de design no meio digital utilizam o termo *convergência* para definir diversas situações que existem desde o surgimento dos primeiros projetos digitais. Com a publicação do livro *Cultura da convergência*, Henry Jenkins (2011) definiu convergência de formas distintas. Ele somou, ao significado técnico do conceito, dispositivos que executam diversas funções, antes desempenhados por vários aparelhos. Assim, a convergência também está presente em dispositivos que assumem, cada qual, todas as funções, como é o caso dos *smartphones* e *tablets*. Henry Jenkins (2014) aponta que

O termo *convergência* também é usado para entender como as tecnologias digitais ensejam uma forma ativa de consumo. As novas tecnologias digitais, para aqueles que consomem cultura por meio de dispositivos digitais, possibilitam comentar, parodiar, editar, compartilhar séries, filmes, livros etc. Elas também permitem que os consumidores e/ou usuários reconfigurem todo o circuito midiático, chegando a fundar uma nova cultura: a **cultura da convergência**, e essa compreensão é compartilhada tanto por estudiosos acadêmicos quanto por profissionais de produção no meio digital.

1.3.1 Transmídia

O termo *transmídia*, do inglês *transmedia*, corresponde a diferentes mídias que transmitem conteúdos diversos e de forma complementar. Uma postagem no Facebook que tem como complemento informações de um vídeo no YouTube é um exemplo prático de transmídia, visto que, se o público usar apenas um dos canais, obterá somente a mensagem parcial do assunto que está sendo abordado. Assim, a transmídia influencia a atitude de contar histórias por meio de várias mídias, com um conteúdo específico para cada uma.

O conceito de transmídia existe há muitos anos. Com o avanço das tecnologias digitais e vivência na era da internet, as mídias sociais desempenham papel significativo na propagação da informação, pois, pela transmídia, é possível associar a utilização de algumas mídias para contar uma história ou transmitir uma mensagem a determinado público. Detendo esse poder de comunicação, a transmídia é utilizada como recurso estratégico pela área de marketing, com vistas a transmitir uma ideia ao público-alvo de maneira mais eficaz, isto é, por meio de recursos que efetivamente atraiam a atenção do consumidor.

Elaborar ou aplicar transmídia é uma tarefa difícil. O profissional precisa ter uma percepção multidisciplinar e conhecer várias áreas que não somente de marketing e de design. O cinema, por exemplo, é uma área importante, pois nele são usados diferentes conceitos para contar uma história. Considerando que a transmídia é um conjunto de mídias que, somadas, contam determinada história e que cada uma dessas mídias tem maneiras bem próprias de criar a narrativa, parece óbvio dizer que cada mídia contribui de forma específica para o enredo final. Essa obviedade, contudo, transforma-se em desafio quando, para estabelecer uma relação eficiente com o consumidor, é preciso empregar esse conhecimento nas formas de comunicação atuais, o que deve ser realizado de forma interativa e informacional. Portanto, o site, o aplicativo ou outro projeto digital deve tornar-se um elemento importante para as vidas dos usuários, uma vez que conseguem obter informações apropriadas, relevantes e condizentes com seu modo de viver.

1.3.2 Crossmídia

O conceito de *crossmídia*, do inglês *crossmedia*, pode ser definido como o modo de distribuir serviços, produtos e até mesmo experiências por intermédio de diversas plataformas e mídias de comunicação existentes no mundo digital. A crossmídia compartilha a mesma narrativa em diversos segmentos de mídia, logicamente se adaptando às características de cada segmento (texto, música, vídeo, aplicativos etc.). Na prática, é possível utilizar várias mídias concomitantes para transmitir a mesma informação, como vídeos no YouTube, imagens e textos em um *blog* ou, ainda, aplicativos específicos. Algumas ações ajudam na utilização da crossmídia, como:

- definir o objetivo a ser atingido com a estratégia;
- planejar a forma como a crossmídia será utilizada;
- elencar quais plataformas e mídias serão utilizadas;
- garantir o engajamento do público-alvo, de maneira que ele continue interagindo com cada um dos conteúdos ao longo da experiência.

O funcionamento desse tipo de recurso depende de uma aplicação que não considere a crossmídia somente como um meio de postagem do mesmo conteúdo em mídias diferentes, como YouTube, Facebook e Instagram. É necessário incentivar o público-alvo a interagir e a consumir o conteúdo nas diferentes mídias, pois uma é o complemento da outra, e não uma mera alternativa com as mesmas informações.

1.4 Gestão de projeto de design para o meio digital

O profissional que trabalha com produção de design no meio digital é o responsável, em diversas situações, não apenas por gerenciar etapas relacionadas à identidade visual, ao *front-end* e à interface do usuário (UI), mas também por cuidar de todo o processo de desenvolvimento do projeto, o que solicita um conhecimento de gestão de projetos, que também pode ser denominado *gerência de projetos*, *gerenciamento de projetos* ou, ainda, *administração de projetos*. Para tanto, é recomendável que o designer digital tenha conhecimentos administrativos, habilidades e técnicas para estruturar funções referentes a um conjunto de objetivos predefinidos em determinado prazo, considerando-se o custo e a qualidade mediante os recursos técnicos e de pessoal.

Uma gestão de projetos eficiente exige dos profissionais tempo e empenho. Essa gestão também não pode estar concentrada somente na figura do gestor, uma vez que toda a equipe tem de participar ativamente do projeto. No dia a dia, é indicado adotar recursos que concentrem todas as informações e todos os dados e, até mesmo, utilizar ferramentas que facilitem a inclusão de ideias que possam surgir no desenvolvimento do projeto, podendo ser compartilhadas com toda a equipe.

Durante a organização das etapas de trabalho, as ferramentas de controle mais comuns são planilhas e pastas, as quais apresentam todos os documentos relacionados ao projeto. Elas costumam ser compartilhadas com toda a equipe de trabalho ou com parte dela, responsável por determinada função. A gestão de projetos, se praticada dessa maneira, coloca em risco a perda de documentos importantes, pois são manipulados por várias pessoas. Quando se trata de arquivos digitais, como planilhas, elas ainda podem ser corrompidas, não sendo possível recuperar o arquivo.

Desse modo, é uma tarefa complexa limitar e *controlar* os documentos que devem e podem ser acessados por cada membro da equipe. Caso a gestão de projetos seja desenvolvida com base em recursos inadequados, transmite-se a ideia de amadorismo na área, o que influencia a maneira pela qual a gestão é vista pelos colaboradores que atuam no projeto e pelos clientes, pois, na maioria das vezes, os clientes acompanham o desenvolvimento do projeto, acessando as informações disponibilizadas pelo gestor.

1.4.1 **Plataformas de gestão de projeto *on-line***

Há algum tempo, a gestão de projetos já não acumula quantidades exorbitantes de papéis ou apresenta muitas falhas de comunicação com a equipe, o que ocasionava um controle fragmentado de informações, principalmente quando se tratava de projetos relacionados à produção de design no meio digital. As inovações tecnológicas e o número amplo de ferramentas de gestão de projetos, como as plataformas de gestão de projeto *on-line*, facilitaram o gerenciamento, o planejamento e todo o processo de produção, execução e documentação de um projeto. Essas plataformas lidam com as atividades, acompanham o cronograma de tarefas e desenvolvimento do projeto e, ainda, organizam a coleta de informações para a eficácia da gestão do projeto.

O Trello é um exemplo de plataforma de gestão de projetos gratuita, com algumas limitações de uso, mas de fácil utilização. Sua interface é simples e intuitiva. Nela, a organização dos projetos e sua representação concretiza-se por meio de quadros ou cartões inseridos nas listas de tarefas e compartilhados por toda a equipe em tempo real, sendo possível atribuir novas atividades. O Quadro 1.1 apresenta outras plataformas de gestão de projetos *on-line* que podem ser utilizadas na produção de design no meio digital.

Quadro 1.1 – **Plataformas de gestão *on-line***

Plataforma	URL
Operand	https://www.operand.com.br/
Teamwork	https://www.teamwork.com
GanttProject	http://www.ganttproject.biz
Jira	https://br.atlassian.com/software/jira
Basecamp	https://basecamp.com
Monday.com	https://monday.com/features
Paymo	https://www.paymoapp.com
Mavenlink	https://www.mavenlink.com
Yanado	https://yanado.com
ClickUp	https://clickup.com
Redmine	https://www.redmine.org
Artia	https://artia.com
Runrun.it	https://runrun.it/
Remember the milk	https://www.rememberthemilk.com
Podio	https://podio.com
Bitrix24	https://www.bitrix24.com
Asana	https://asana.com/pt
MeisterTask	https://www.meistertask.com
Pipefy	https://www.pipefy.com/

(continua)

(Quadro 1.1 – conclusão)

Zenkit	https://zenkit.com/pt-br/
Zoho Projects	https://www.zoho.eu/pt-br/projects/
Azendoo	https://www.azendoo.com
Avaza	https://www.avaza.com
Redbooth	https://redbooth.com
Accelo	https://www.accelo.com/
Slack	https://slack.com/
Hibox	https://www.hibox.co/pb/

Além das plataformas apresentadas no Quadro 1.1, a Wrike é uma plataforma de gerenciamento de projetos direcionada às equipes de desenvolvimento e criação. Ela conta com uma ferramenta que permite editar e executar a gestão de arquivos na própria plataforma, otimizando o trabalho colaborativo da equipe. A forma de se comunicar entre os membros de equipes para indicar alterações e/ou comentários é pela menção da arroba (@), do mesmo modo que é usada nas redes sociais como Facebook, Instagram, Twitter, entre outras. A Wrike tem versões paga e gratuita, que podem ser personalizadas conforme a área de atuação e o tamanho do projeto ou da empresa.

1.4.2 **Definição da plataforma de gestão de projeto *on-line***

Existem inúmeras ferramentas de gestão de projetos *on-line*, e cada uma tem funções diferentes. Cabe ao designer digital escolher a plataforma com o perfil adequado às suas necessidades. Em um primeiro momento, é importante pedir indicação para profissionais que já utilizam a plataforma, mas, no processo de seleção, existem alguns fatores que podem ser analisados a fim de definir a ferramenta ideal de gestão de projetos, principalmente para a produção de design no meio digital. Diante da escolha da plataforma de gestão *on-line* de um projeto, um primeiro fator a ser questionado é a complexidade desse projeto. Há plataformas direcionadas para projetos com grande volume de informações e de alta complexidade. Caso o projeto não seja de grande complexidade, o ideal é trabalhar com plataformas mais simples, com vistas a facilitar o gerenciamento do projeto. Fazer uso de uma plataforma complexa para gerir um projeto simples, ao invés de ajudar, pode dificultar o trabalho, e, no caso das plataformas pagas, o custo pode representar uma despesa desnecessária.

Outro fator que auxilia na definição da plataforma é a área de atuação do projeto. Existem inúmeras ferramentas especializadas em determinadas áreas, como criação de conteúdo, desenvolvimento de *softwares*, de marketing ou criação de aplicativos. Assim, a escolha de uma ferramenta especializada traz benefícios, pois elas têm recursos específicos para atender a equipe focada na área do projeto.

A quantidade de colaboradores envolvidos é outro fator importante na definição da plataforma de gestão a ser utilizada no projeto. Algumas plataformas, em suas versões gratuitas, limitam a quantidade de colaboradores, por isso, é preciso verificar se ela atende a essa necessidade. Deter a informação sobre a quantidade de colaboradores é importante para não ter de migrar para outra plataforma no decorrer do projeto ou ter de contratar um plano que não estava previsto no planejamento. Normalmente, para empresas que têm uma grande quantidade de colaboradores e que fazem parte de um projeto, são indicados os pacotes personalizados. No caso de uso acadêmico, experimental ou pessoal, a utilização das versões gratuitas é interessante, uma vez que, por meio dessa experiência, o sujeito familiariza-se com a operação e as funcionalidades da plataforma, testando a ferramenta sem risco e, se necessário, pode contratar posteriormente a versão paga.

Outra característica a ser observada é a facilidade de acesso e de navegação da plataforma. O propósito dessas plataformas é justamente o de descomplicar a vida do gestor e da equipe, e não de atrapalhar ainda mais o trabalho. Por isso, é recomendável que, antes de definir e contratar a plataforma, sejam feitos testes, certificando-se de que a plataforma realmente é eficaz nos quesitos navegabilidade e carregamento rápido de arquivo, de modo a facilitar o acesso e a comunicação de todos os colaboradores da equipe.

Um último fator a se considerar é se a plataforma tem versão de aplicativo para *smartphones*, contendo os principais recursos encontrados para o *desktop*, o que proporcionaria o acesso dos colaboradores em qualquer lugar que estejam. Para os planos empresariais, nas versões pagas, é fundamental que a plataforma apresente suporte disponível em todos os dias da semana, a fim de sanar dúvidas quanto à usabilidade da ferramenta e auxiliar caso algum problema apareça.

1.4.3 **Construção e descrição de um roteiro de projeto**

Na produção de design no meio digital é importante planejar a etapa de desenvolvimento. O primeiro passo é identificar uma problemática, o que pode ser feito pela aplicação de uma pesquisa de mercado, pela análise de um projeto para produção de design no meio digital que já esteja em circulação ou pela solicitação para a criação de um novo projeto.

O próximo passo é construir um roteiro de projeto com base na problemática levantada. Esse roteiro serve como referência para o processo de produção, criação e, até mesmo, divulgação de um projeto de design digital, com o objetivo de pôr em prática o desenvolvimento da ideia. O conteúdo do planejamento deve ser adaptado para atender às particularidades de cada projeto, mas, independentemente do tipo de projeto digital, é fundamental seguir um roteiro.

O primeiro ponto na construção do roteiro é definir de maneira clara as metas e os objetivos. A fim de facilitar essa definição, listamos, a seguir, algumas questões relacionadas a um projeto de design digital.

1. Quais soluções o projeto digital apresentará?
2. Qual é seu diferencial?
3. Qual é o objetivo real desse projeto digital?
4. O que esse projeto de design digital oferece que os concorrentes não oferecem?
5. Quais são as expectativas com relação ao projeto?
6. Qual é a melhor maneira de alcançar essas expectativas?
7. Qual é sua persona?

Na construção de um roteiro de projeto que tem como base uma problemática, que pode ter influência de diversos fatores, é muito importante definir a **persona**. Revella (2015, p. 21, tradução nossa) empresta esse termo sob a seguinte perspectiva:

> Personas são personagens fictícios criados para representar os diferentes tipos de usuários dentro de um alvo demográfico, de uma atitude e/ou de um comportamento definido para um site, uma marca ou um produto, de modo similar. Personas são uma ferramenta ou um método de segmentação de mercado.

A construção de personas é feita com base em informações de clientes reais. A partir delas, é desenhado um perfil simulado do cliente. A primeira persona surgiu dos resultados práticos de aplicação de vários projetos desenvolvidos pela empresa Cooper, por intermédio de seus colaboradores Lane Halley, Kim Goodwin e Robert Reimann. Por meio de pesquisas e análises de possíveis clientes, eles identificaram vários padrões de potenciais compradores de determinado produto.

A pesquisa concluiu que, ao se construir grupo de personas, é possível demonstrar comportamentos, aptidões, modelos mentais, diversidade de motivações, fluxos de trabalho, ambientes e até as frustrações que o consumidor, representado pela persona, pode ter ao adquirir certo produto ou serviço. Cooper, Reimann e Cronin (2007) sistematizaram o processo de criação de personas e desenvolveram um conjunto de procedimentos que auxiliam em sua elaboração, conforme demonstra o Quadro 2.1, a seguir.

Quadro 1.2 – **Conjunto de procedimentos para a criação de persona**

Etapa	Descrição de atividades que envolvem a etapa
Identificar variáveis de comportamento	• Elaborar as hipóteses das personas, realizar pesquisa, organizar parcialmente os dados, listar os aspectos distintos de comportamento como um conjunto de variáveis de comportamento. • Atividades: O que o usuário faz? Qual é a frequência? Qual é o volume? • Atitudes: O que o usuário pensa sobre o domínio do produto e da tecnologia? • Aptidões: Qual é o nível educacional do usuário? Qual é o nível de seu treinamento? Qual é sua capacidade de aprendizado? • Motivações: Por que o usuário está comprometido com o domínio do produto? • Habilidades: Quais são as capacidades do usuário que estão relacionadas ao domínio do produto e da tecnologia?
Mapear os assuntos da entrevista de acordo com as variáveis de comportamento	• Mapear cada entrevistado de acordo com cada variável. • Distribuir as pessoas que participaram da coleta de dados em uma escala de distribuição conforme as variáveis de comportamento. • Agrupar pessoas que têm comportamentos próximos.
Identificar padrões de comportamento significantes	• Analisar os agrupamentos produzidos na fase anterior, identificando padrões de comportamento que se destacam. • Uma provável persona é identificada com o agrupamento de seis a oito variáveis diferentes e reunidas. • Quando existem papéis dividindo as variáveis, o número de padrões significantes é menor.
Sintetizar características e metas relevantes	• Sintetizar os dados de cada padrão de comportamento significante identificado. • Descrever o ambiente de uso potencial, dia de trabalho típico (ou outro contexto relevante), soluções e frustrações, bem como os relacionamentos. • Definir o nome, o sobrenome e a ilustração para a persona.

(continua)

(Quadro 1.2 – conclusão)

Verificação para redundância e integralidade	• Construir a narrativa em terceira pessoa, pois pode ser um discurso mais carregado de atitudes, necessidades e problemas das personas. Isso também intensifica a conexão entre projetista e autor com as personas e suas motivações.
Definir os tipos de persona	• Primária: representa o objetivo primário. • Secundária: está satisfeita com o produto ou serviço de persona primária, mas tem necessidades adicionais específicas que podem ser acomodadas sem transtornar a habilidade do produto que servem à persona primária. • Suplementar: corresponde a personas de usuário que não são primárias nem secundárias, mas sim subsidiárias. • Clientes: endereçam as necessidades de clientes e não são usuários finais. • Servida: não é usuário do produto; porém, é diretamente afetada pelo uso do produto. • Negativa: usada para comunicar os *stakeholders* e membros da equipe de produto que existem tipos específicos de usuários para o qual produto não servirá.

Fonte: Elaborado com base em Cooper, Reimann e Cronin, 2007.

Alguns estudiosos, como Quesenbery (2004), declaram que a construção de personas pode ser feita com base em informações retiradas da própria equipe de desenvolvimento, como a de produção de design no meio digital, representando o olhar da própria empresa e da equipe sobre os consumidores. Pesquisadores como Pruitt e Adlin (2006) definem, categoricamente, que as principais informações para caracterizar a construção de personas precisam ser, necessariamente, de uma fonte de informações reais sobre os consumidores de produtos ou serviços. É preciso tomar cuidado para que a construção de personas não desconsidere a empatia, que é a competência de projetar uma personalidade de alguém, de certa forma se colocando no lugar da pessoa ou, nesse caso, a empresa colocando-se no lugar do cliente.

O segundo ponto é definir quais são os **recursos** necessários para tornar realidade o projeto digital. Um ponto relevante é a questão financeira: quanto de recurso é preciso para que o projeto digital saia realmente do papel? Nesse momento, são levantadas informações do orçamento disponível, que deve mesurar o custo com equipe, parceiros, equipamentos, infraestrutura e plataformas, além de verificar as possibilidades de investimento e de financiamento coletivo e a disponibilidade dos investidores quanto ao dinheiro, ao tempo, entre outros aspectos.

O terceiro ponto do roteiro é estabelecer a **equipe**, as funções e as tarefas de cada integrante. Essas definições são importantes para que todos os participantes do projeto se sintam responsáveis e engajados em sua criação e produção.

O quarto ponto diz respeito ao desenvolvimento do **cronograma**, em que devem ser consideradas todas as etapas do projeto, desde o planejamento, a criação, a produção até a entrega. Nesse momento, já deve ser utilizada uma plataforma de gestão de projetos.

O quinto ponto do roteiro é manter o **acompanhamento**. Um projeto de design digital não finaliza quando o produto e/ou serviço já foi lançado e está em pleno funcionamento. É necessário estabelecer uma estratégia de acompanhamento após a entrega do projeto. Afinal, como será realizada a avaliação de *feedback* e o acompanhamento da experiência do usuário (UX)? Nessa etapa, é mensurado o resultado do projeto digital, pois, por mais que ele tenha sido planejado e testado, sua finalização ocorre somente quando os usuários fazem uso do produto/serviço.

Descrição da problemática de um projeto

Depois de construir e descrever um roteiro, é possível chegar à problemática do projeto e definir o tipo de pesquisa a ser realizada.

Quando se identifica um problema, é necessário compreender as informações que não foram consideradas satisfatórias para sua explicação ou resolução. A descrição da problemática exige uma reflexão em torno de como o projeto digital pode propor novas experiências em sua área de atuação. Para tanto, é importante começar com uma pergunta de pesquisa que direcionará à criação de um problema, ou seja, de uma problemática.

Para desenvolver a pergunta de pesquisa do projeto, não basta levar em consideração as informações apontadas pelo cliente ou uma curiosidade individual do desenvolvedor ou do próprio cliente, por mais que ela seja interessante. Algumas perguntas relacionadas ao projeto podem ser feitas para ajudar na definição da problemática, como:

- Que mercado, produtos ou serviços da área de atuação o projeto digital pretende suprir?
- Que problemas e questões podem fazer parte do projeto de design digital que será desenvolvido?
- O que se sabe sobre o projeto digital que se pretende desenvolver?
- O que não se conhece sobre certos elementos do projeto digital?
- O que é controverso no projeto digital e tem de ser desenvolvido?

O modo mais simples de elaborar a pergunta é reduzi-la, a princípio, a uma frase única, que tem de ser aprimorada com o passar do tempo. Desse questionamento surgirá a problemática do projeto, que auxiliará o desenvolvimento da pesquisa. Nesse processo, é preciso sempre refletir sobre quais soluções ainda não foram obtidas com projetos de design digital na área de atuação escolhida.

1.4.4 **Construção de uma estrutura analítica de projeto (EAP)**

Depois de conhecer as etapas para a construção de um roteiro de projeto e a descrição de sua problemática, o profissional de design digital deve preparar a estrutura analítica de projeto (EAP).

É preciso não confundir a EAP com o cronograma, que deve ser elaborado somente depois de a EAP ser estruturada. Dessa maneira, fica mais fácil organizar as informações no cronograma de forma sequencial, visto que a EAP abarca fragmentos do escopo em formato de atividades ou tarefas que desenham o projeto. Nela, são desmembrados os afazeres do nível macro para o micro, de forma detalhista, relatando tudo que é necessário a ser desenvolvido e entregue durante a execução dos trabalhos.

Normalmente, uma EAP é elaborada por profissionais mais experientes, como os gestores. Em alguns casos, eles podem ser auxiliados por colaboradores especialistas em cada etapa do projeto. A seguir, elencamos, resumidamente, cinco orientações que visam facilitar a construção da EAP.

1. Decompor a EAP em fases e em atividades orientadas a partir dos níveis mais fáceis de gerenciamento.
2. Planejar as entregas, e não as ações.
3. Dividir os pacotes de trabalho em tempo adequado.
4. Utilizar modelos de EAP de projetos concluídos para otimizar o trabalho e aproveitar as experiências vividas.
5. Ter atenção para que o custo do gerenciamento não seja maior que o custo da tarefa.

Nessa etapa, é comum surgirem dúvidas com relação à diferença entre EAP e cronograma de projetos, e se é necessário, na prática, desenvolver os dois documentos já que, para ambos, o grau de divisão de tarefas depende da capacidade e da necessidade de o gestor administrar cada etapa. Vale lembrar que todos os projetos têm suas particularidades. Em projetos digitais de grande porte, por exemplo, não é comum detalhar todas as etapas, já que, nesse tipo de projeto, existem inúmeras fases e é praticamente impossível controlá-las minuciosamente. Todavia, em projetos de pequeno porte, nos quais o gestor pode ser mais minucioso e ter maior controle sobre as tarefas, o detalhamento dessas etapas pode ser fundamental. Ainda, existem alguns casos de gestores que migram de pequenos para grandes projetos, e o cuidado de ser minucioso acaba travando o processo de desenvolvimento e atribuindo grande carga de trabalho para o gestor.

De maneira geral, a diferença entre o cronograma e a EAP reside no fato de que a EAP, depois de finalizada, torna-se um documento para consulta, que só é modificado quando ocorre grandes mudanças no projeto. O cronograma, por sua vez, sofre alteração e atualização diariamente, até mesmo de hora em hora. Esse documento é revisado com frequência em razão da dificuldade imposta ao trabalho ou da garantia de um bom desempenho na execução das etapas, por isso é igualmente importante se ter uma boa organização de cronograma de projeto. O cronograma de projetos pode ser compreendido como uma base que mostra graficamente cada item da EAP em uma escala de tempo, indicando o período em que cada etapa deve ser realizada. A quantidade de tempo para executar uma tarefa é seu intervalo, sem levar em consideração o número de pessoas necessárias para que isso aconteça.

A organização do cronograma de um projeto torna-se mais eficaz quando esse documento está alocado em plataformas de gestão de projetos *on-line*, visto que, entre outras funções, mesura o desempenho da equipe. A gestão do tempo do projeto também é definida pelo cronograma de atividades, no qual são atribuídos os respectivos responsáveis. Nele, são indicados os pontos de início e de fim para cada atividade, mediante uma cadeia sequencial e lógica. Nos casos em que o projeto não é desenvolvido sequencialmente, o cronograma auxilia nessa organização, a fim de evitar o aparecimento de lacunas no processo de desenvolvimento. Assim, o objetivo principal de um cronograma é oportunizar que as etapas sejam finalizadas no prazo estipulado, configurando-se como um fator importante para a satisfação do cliente.

A organização do cronograma exige que sejam consideradas algumas variáveis: o escopo do projeto; o conhecimento das etapas a serem percorridas; e os recursos necessários para finalizá-lo.

Com o cronograma, é possível visualizar a ordem das etapas, de forma a garantir que tudo esteja correndo conforme os prazos e que os ajustes sejam executados a tempo. Portanto, esse recurso faz um mapeamento do projeto com vistas a identificar suas etapas problemáticas, funcionando como uma ferramenta eficaz de comunicação, pois apresenta o trabalho a ser desenvolvido, os recursos disponibilizados pela empresa e os prazos a serem cumpridos até a finalização do trabalho.

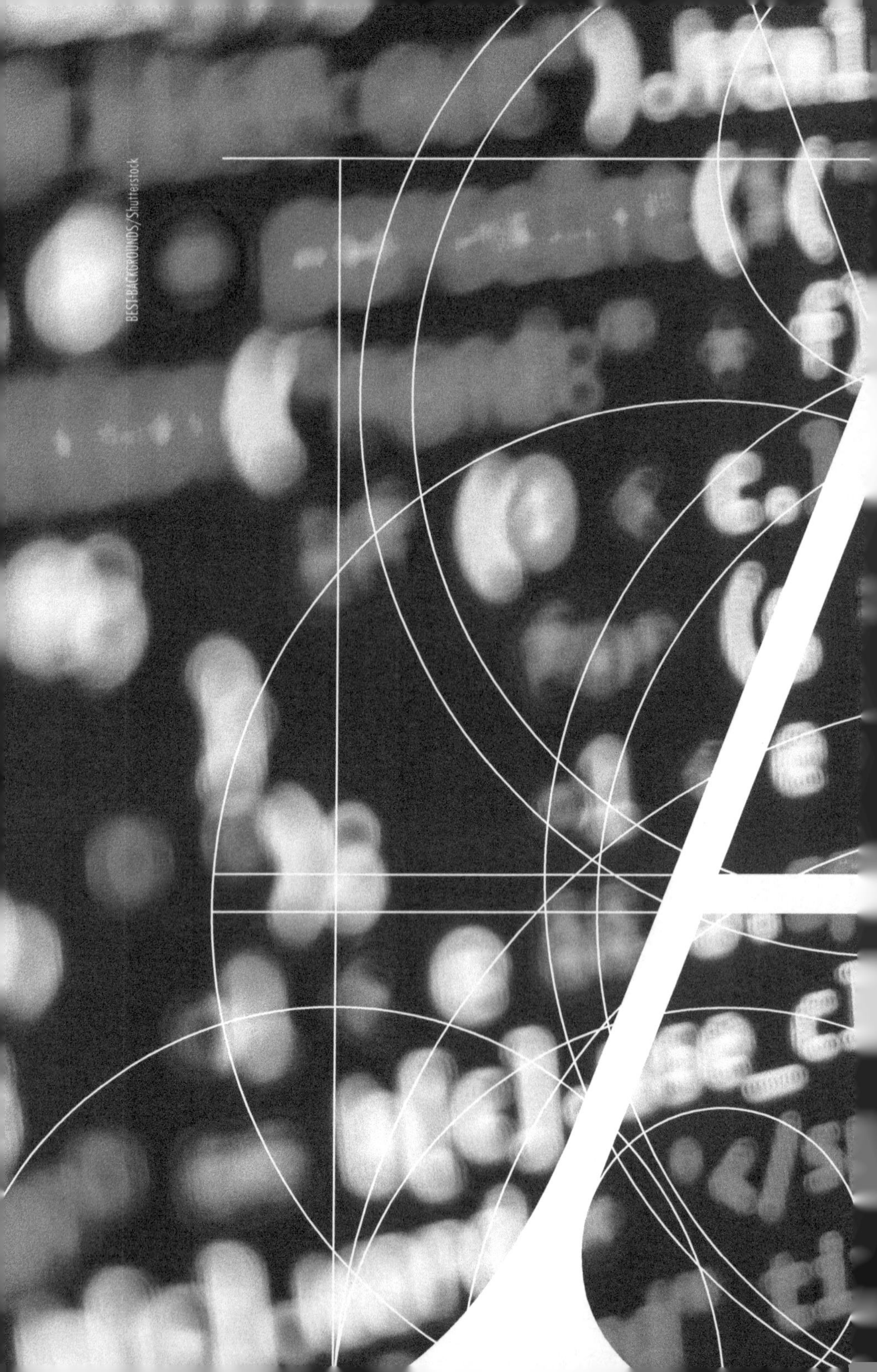

BEST-BACKGROUNDS/Shutterstock

CAPÍTULO 2

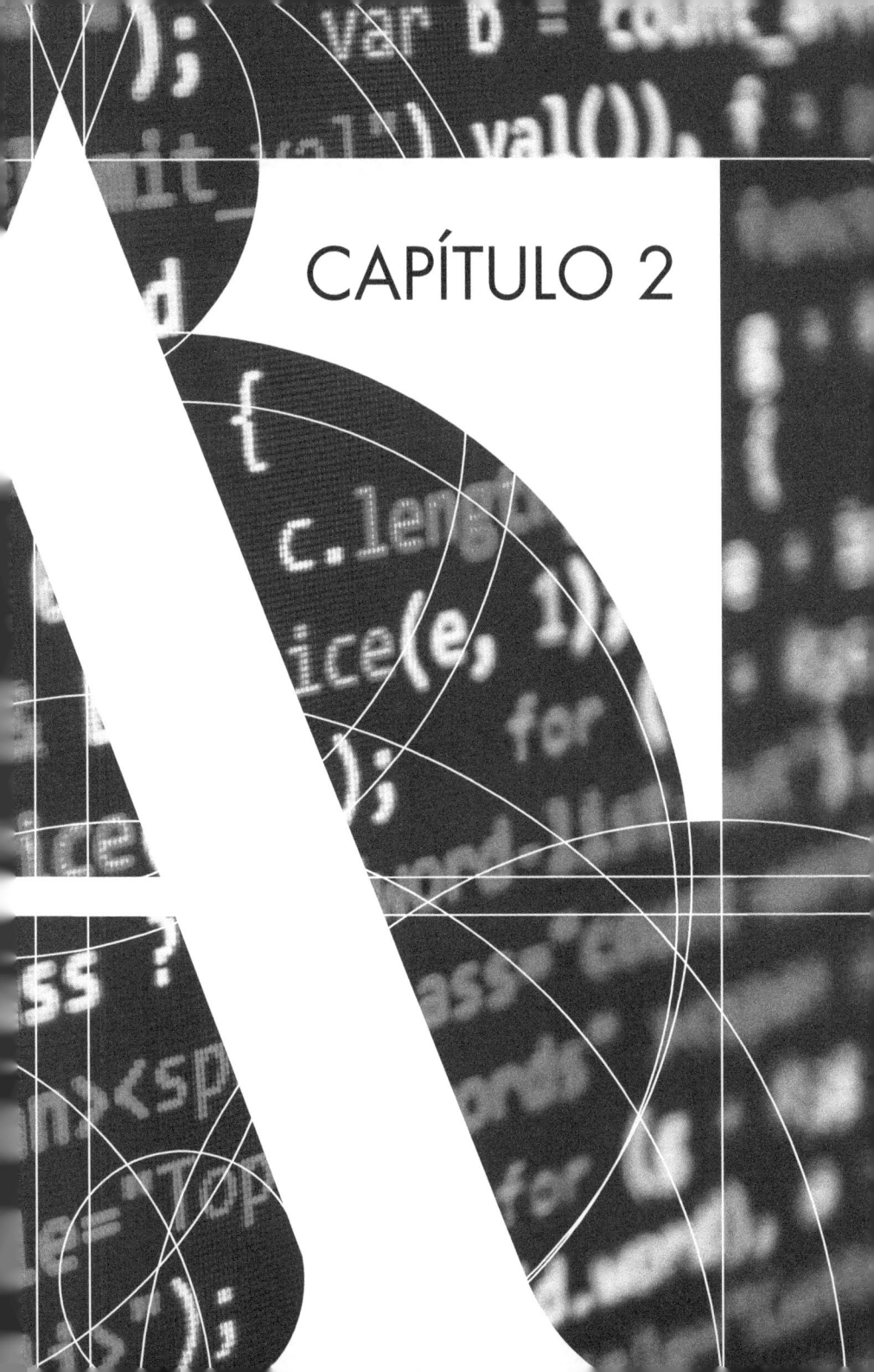

DESIGN DE APLICATIVOS

Os aplicativos instalados nos dispositivos móveis, como *smartphones* e *tablets*, fazem parte do dia a dia de inúmeros usuários e são utilizados em diversas situações e locais com o objetivo de atender a diferentes demandas, de trabalho ou lazer. Conhecidos como *apps*, esses aplicativos correspondem a *softwares* (programas) com inúmeras funções e recursos que desempenham atividades ou tarefas simples e complexas. Dessa maneira, é necessário que o design desses aplicativos seja de fácil compreensão aos seus usuários. A respeito desse assunto, Yang, Zheng e Ni (2007, p. 494, tradução nossa) expõem:

> O paradigma do design de aplicativos para *smartphones* não se difere do paradigma de aplicações para *desktop*, mas apresenta alguns requisitos inerentes que o separam do desenvolvimento de aplicativos para dispositivos móveis comuns. Em primeiro lugar, as restrições de *hardware* de um *smartphone*, como velocidade do processador, capacidade de armazenamento, bateria e conexão sem fio, afetam significativamente os princípios do design de aplicações. Em segundo, o método de entrada de um *smartphone*, por um teclado de celular com teclas de navegação adicionais ou por um teclado virtual, força os desenvolvedores de aplicativos a prestarem mais atenção na interface gráfica do usuário (GUI, do inglês *Gráfica User Interface*) de aplicativos em *smartphone* do que em *desktop*. Em terceiro, o custo do serviço de dados sem fio continua sendo um fator importante para a adoção em massa da tecnologia *smartphone*, pois ainda é bastante elevado se comparado ao custo de serviços de internet fixa. Além disso, a aplicação deve ser facilmente "transportada" para várias plataformas de *hardware* com diferentes arquiteturas de processador e periféricos.

Tendo isso em vista, é imprescindível que o designer digital compreenda os conceitos operacionais de um *software* para dispositivos móveis ou *desktops*, pois são elementos fundamentais no processo de criação do design de aplicativos. Para isso, é preciso saber, ainda, sobre a origem dos fundamentos do design, visto que são referências úteis para o desenvolvimento de quaisquer projetos. Destacamos, a seguir, alguns movimentos importantes e que estão na origem da concepção de design tal como o conhecemos hoje.

Entre a segunda metade do século XIX e o início do século XX, surgiram movimentos artísticos que fundamentaram o design da maneira como é conhecido atualmente. São eles:

- **Arts and Crafts** – Movimento originado em 1850, na Inglaterra vitoriana.
- **Art Nouveau** – Importante movimento artístico nascido em 1885, na França.
- **Jugendstil** – Estilo de arquitetura e design semelhante ao Art Nouveu, que teve origem na Alemanha, nos anos de 1890.
- **De Stijl** – Movimento reconhecido como um dos marcos da arte moderna do século XX, originou-se na Holanda, em 1917.

Os movimentos artísticos dessas épocas ressignificaram as formas tradicionais da arte, estendendo-se para outros âmbitos da vida funcional e prática, como a arquitetura, o design de edifícios, móveis, objetos de decoração, moda e até de joias. Nesse momento, a comunicação de tendências entre os movimentos artísticos estava bastante evidente. Destacavam-se a aplicação de cores fortes, de elementos visuais decorativos detalhados, que utilizavam a fauna e a flora como referências. A tecnologia também começava a despontar, explorando o uso de novos materiais, cores e texturas aplicados a objetos que, com os recursos da produção industrial, passaram a ser desenvolvidos e fabricados em alta escala.

2.1 Tipos de design

Antes de chegar até o contexto da criação de aplicativos, o design passou por processos de evolução e segmentação em algumas áreas, vejamos:

- Design digital – Direcionado às mídias digitais. Por meio dele são desenvolvidos ambientes e interfaces. O design de aplicativos encaixa-se nessa segmentação.
- Design gráfico – Voltado às soluções para a mídia impressa.
- Design de interiores – direcionado para a decoração de ambientes, com objetivo de combinar de maneira harmônica os objetos de um espaço.
- Design de jogos – Centrado no desenvolvimento de soluções para *games* quanto aos personagens, aos cenários etc., mas também se preocupa com a imersão dos jogadores.
- Design de produto – Direcionado a produtos e objetos com o objetivo de otimizar a maneira de manipular a estética visual, a funcionalidade, a praticidade etc.
- Web design – Destinado à criação de interfaces para sites, lojas virtuais, *blogs* etc.

O design digital, no qual o design de aplicativos está presente, é resultado de alguns conceitos das várias segmentações citadas anteriormente. Alguns estudiosos costumam elaborar outros tipos de segmentação, mas o importante é conhecer as referências que estão na origem do design, independentemente das repartições efetuadas, pois elas podem ser úteis em diferentes projetos.

Grosso modo, uma das funções do design é organizar informações. No design de aplicativos, esse conceito precisa ser seriamente ponderado, tendo em vista a quantidade de informações que um *app* pode disponibilizar para seus usuários. Os dispositivos móveis, além de serem utilizados para telefonar, são aparelhos que têm inúmeros aplicativos, a depender do gosto do usuário, e servem para compartilhar conteúdos, fotografar, navegar na web, jogar *on-line* com vários participantes ou individualmente, entre outras funções. Alguns usuários, por exemplo, ficam praticamente o dia todo em redes sociais ou trocando mensagens. Ainda, podem abrir vários outros aplicativos e navegar, quase simultaneamente, entre eles. Dessa forma, o design de aplicativos deve considerar que, na maioria das vezes, o usuário não estará utilizando apenas um aplicativo.

2.2 Design de aplicativos móveis

A combinação da infraestrutura de comunicação sem fio com os dispositivos de computação portáteis lançou as bases para um novo paradigma de computação, chamado de **computação móvel** (Blair, 1998), que permite aos usuários acessar informações e colaborar com outras pessoas enquanto estiverem em movimento.

Forman e Zahorjan (1994) entendem que essa tecnologia permite o acesso a recursos digitais a qualquer momento e a partir de qualquer localização, eliminando as restrições de tempo e lugar impostas pelos computadores *desktops* e redes com fio.

No entanto, no design de aplicativos para dispositivos móveis, é preciso considerar as limitações impostas a esses dispositivos, como memória, processamento, resolução e tamanho de telas. Esse é um desafio para os profissionais de design digital no desenvolvimento de aplicativos, visto que, para criar interfaces que organizem toda a complexidade de um aplicativo e que atendam às restrições dos dispositivos, devem ser ponderados alguns aspectos como consumo de bateria, tamanho de tela e infraestrutura de rede de internet.

Lee e Chuvyrov (2012) apontam as seguintes características dos dispositivos móveis:

- Portabilidade – Refere-se à facilidade de transporte. Os fatores que podem afetar essa característica são o tamanho e o peso do dispositivo e seus acessórios.
- Usabilidade – Diz respeito à facilidade de utilização do dispositivo, considerando as particularidades dos usuários.
- Funcionalidade – Apresenta duas categorias: (1) de funcionamento dependente, cuja existência consiste na necessidade de conexão com outro sistema ou usuário e (2) de funcionamento independente, ou seja, sem a necessidade de nenhum tipo de interação.
- Conectividade – Os dispositivos móveis devem conectar-se a redes, sistemas ou pessoas.

Os profissionais que atuam na área de design digital, especificamente com design de aplicativos, precisam conhecer todas essas características a fim de desenvolver interfaces que dialoguem de maneira harmoniosa com os dispositivos usados para operar os *apps*.

2.2.1 **Plataformas e tecnologias de aplicativos móveis**

De acordo com as características das plataformas e das tecnologias, o desenvolvimento do design de aplicativos deve ser pensado conforme as particularidades de cada dispositivo e do sistema operacional em que será executado o *app*. As principais plataformas móveis, também conhecidas como *sistemas operacionais*, são o iOS e o Android, e as tecnologias mais utilizadas são JQuery Mobile e PhoneGap.

O sistema operacional **Android** é desenvolvido pela Google e tem um código aberto baseado no kernel (núcleo do sistema operacional) do Linux, o que é um grande facilitador para o design de aplicativos e está em constante evolução.

Já o **iOS** é o sistema operacional da Apple. Ele apresenta código fechado e é executado em iPads e iPhones. Esse sistema operacional foi disponibilizado em 2007, com o surgimento do primeiro iPhone, e mudou a forma como os aplicativos móveis eram desenvolvidos e comercializados. As aplicações desenvolvidas para a plataforma iOS são escritas em Objective-C, com apoio da biblioteca Cocoa Touch (Apple, 2021). A linguagem Objective-C e o iOS têm evoluído ao longo dos anos.

Outras tecnologias como **JQuery Mobile**, no qual o design de aplicativos é baseado no HTML5, tem o objetivo de fazer com que os *apps* e os sites possam ser visualizados em todos os dispositivos móveis, independentemente da plataforma em que estão sendo executados. Assim, o JQuery permite criar sites ou aplicativos altamente responsivos, que funcionam em todas as plataformas de *smartphones*, *tablets* e *desktops*.

Outra tecnologia voltada a aplicativos móveis é a **PhoneGap**. Trata-se de um *framework* de código aberto que permite ao desenvolvedor criar aplicativos móveis usando as tecnologias web: HTML5, CSS e Javascript (Phonegap, 2021). Para entender melhor o conceito de *framework*, é preciso considerá-lo como um *template*, ou seja, um modelo de documento com várias utilidades que podem ser usadas pelo desenvolvedor do projeto digital. O *framework* otimiza o trabalho, pois não é necessário dispor de tempo para reproduzir a mesma função em diferentes projetos. O *template* é um esqueleto base, isto é, uma plataforma de desenvolvimento com uma estrutura pronta com guias, ferramentas e componentes. A utilização de *frameworks* resulta na redução de custos e aumento da produtividade.

Além das plataformas, o design tem de ponderar a respeito de outras características intrínsecas aos aplicativos. Conforme classifica Smutny (2012, p. 91, tradução nossa, grifo nosso), os aplicativos podem ser:

> **Nativos**: são aplicativos móveis rápidos e confiáveis, que estão ligados a uma plataforma móvel. Isso significa que o desenvolvedor deve duplicá-los usando a linguagem de programação adequada, caso queira disponibilizar os mesmos recursos em outra

plataforma móvel. Por exemplo: caso um aplicativo desenvolvido nativamente para Android seja disponibilizado para iOS, ele tem de ser desenvolvido por meio da linguagem Objective-C.

Híbridos: são aplicativos desenvolvidos por meio de *frameworks* e que visam garantir a compatibilidade entre plataformas de diferentes dispositivos móveis, permitindo o acesso ao *hardware* (câmera, GPS e NFC). Por exemplo: um aplicativo móvel para iOS que utilize o PhoneGap pode ser reutilizado para a plataforma Android. Assim, a função do aplicativo define seu design, que pode ser desenvolvido mediante uma aplicação nativa ou híbrida. Caso o *app* seja interativo e apresente conteúdo de serviços *on-line*, por exemplo, é recomendado que faça uso de uma aplicação híbrida.

Os *frameworks* apresentam outros recursos, como grupos de bibliotecas que possibilitam aos desenvolvedores executar alterações de operações maiores e com mais agilidade. Os *frameworks* também facilitam o trabalho de reescrita de códigos, visto que o desenvolvedor precisa preocupar-se apenas com a validação de campos e a conexão com bancos de dados.

2.3 Design de aplicativos corporativos

Conforme é sabido, o ano de 2007 marcou o lançamento do primeiro *iPhone*. Nesse momento, surgiu a segunda geração de aplicativos móveis, baseada em um novo ecossistema que faria mudanças consideráveis na forma como eles são produzidos, distribuídos e consumidos (Giessmann; Stanoevska-Slabeva; Visser, 2012).

Tanto a Google como a Apple têm sistemas operacionais com lojas virtuais de aplicativos: no sistema Android (Google), a Google Play; no iOS (Apple), a Play Store. Ambas vêm crescendo rapidamente e se consolidando no mercado. O que essas lojas têm em comum? São canais de distribuição de aplicativos corporativos entre os quais há grandes possibilidades de desenvolvimento de design. Segundo Stanoevska-Slabeva e Wozniak (2010, p. 9, tradução nossa), os aplicativos se assemelham pelos seguintes aspectos:

- são acessados pela internet e a distribuição das aplicações móveis ocorre por meio de um aplicativo pré-instalado no dispositivo móvel;
- todos os mercados de aplicativos móveis permitem aos desenvolvedores oferecerem aplicações gratuitas e pagas;
- uma vez que um desenvolvedor vende uma aplicação móvel, normalmente a loja de aplicativos móveis recebe uma parte da receita.

O conceito de aplicativos móveis corporativos está fundamentado na criação de *softwares* que podem ser instalados e executados em *tablets* e *smartphones* com o objetivo de disponibilizar informações por meio da base de dados dos sistemas de informação corporativos. McAfee (2006) define aplicações corporativas como o tipo de aplicação de tecnologia da informação (TI) adotada pelas empresas para reestruturar as interações entre grupos de empregados ou parceiros de negócios.

Levando em consideração a relevância dos *apps* corporativos, em uma entrevista realizada por Giessmann, Stanoevska-Slabeva e Visser (2012) com seis especialistas, todos concordaram que o desenvolvimento das aplicações, considerando o contexto corporativo, agrega valor à empresa por aumentar a produtividade e/ou reduzir custo. Dessa forma, *smartphones* e *tablets* fazem com que o acesso às informações seja mais fácil e ágil. Esse é um grande fator competitivo para o mercado empresarial, além de um design bem-desenvolvido que proporciona comodidade para os usuários.

É importante considerar que o potencial das aplicações móveis corporativas está no **suporte ao cliente**, isto é, aplicações de serviços e vendas. Podemos citar como exemplos os *apps* de reservas de voos, de serviços de *check-in*, diversos *apps* de *delivery*, nos quais é possível acompanhar e consultar as entregas, além dos aplicativos de vendas e lojas virtuais, entre outros. Todas esses *apps* podem ser categorizados como *business-to-consumer* (B2C), em que o principal objetivo é integrar o consumidor com as informações disponíveis da empresa. Existem outros tipos de classificação de aplicativos, e o design deve ser desenvolvido de acordo com cada tipo, conforme descrevem Giessmann, Stanoevska-Slabeva e Visser (2012, p. 48, tradução e grifo nosso):

- **Grupo de destino do aplicativo** – Essa classificação divide-se em B2C e B2B. Os aplicativos B2B têm o objetivo de facilitar o acesso às informações entre empresas e organizações. Os aplicativos B2C facilitam o acesso às informações das empresas pelos clientes.
- **Área funcional** – Essa área divide-se em aplicativos de dados, colaboração e serviços de comunicação (*chat*, *e-mail*, conexões remotas); serviços de informação e serviços de produtividade (CRM, Escritório e ERP).
- **Conectividade** – Há três formas de conectividade nos aplicativos móveis: (1) *standalone*, (2) clientes inteligentes e (3) clientes magros. Os aplicativos *standalone* não necessitam de nenhuma conexão para prover todas as suas funcionalidades.

Os aplicativos que são clientes inteligentes apresentam funcionalidades que dependem da conexão com um sistema de informação, mas podem operar desconectados dele. Os aplicativos que são clientes magros apenas funcionam conectados a um sistema de informação.

- **Núcleo de negócio da aplicação provedora** – Essa classificação refere-se ao sistema de informação provedor de dados para a aplicação móvel e divide-se em aplicações corporativas, aplicações móveis, entre outras.

Na prática, vejamos o exemplo das características dos *apps* do Banco do Brasil em relação ao Google Drive (Quadro 2.1), que estão disponíveis nas principais lojas de aplicativos, como Play Store e Google Play. É preciso lembrar-se de sempre considerar o design de aplicativos conforme suas características.

Quadro 2.1 – **Exemplo de classificações de aplicativos**

Aplicativo	Banco do Brasil	Google Drive
Grupo de destino	B2B	B2B
Preço	Gratuito	Gratuito
Área funcional	Serviços de informação	Produtividade/Escritório
Conectividade	Cliente magro	Cliente inteligente
Núcleo de negócio da provedora	Aplicação corporativa	Aplicação corporativa

Fonte: Elaborado com base em Giessmann; Stanoevska-Slabeva; Visser, 2012.

Assim, é importante que o design de aplicativos seja criado com o intuito de ser disponibilizado nas lojas de aplicativos, considerando-se, para tanto, as cinco categorias citadas, quais sejam: (1) grupo ao qual se destina; (2) preço; (3) área funcional; (4) conectividade; e (5) núcleo de negócio da aplicação provedora.

2.4 Design de interface

O conceito de interface considera a comunicação por meio de interação entre o homem e o computador. O avanço das tecnologias abriu espaço para que outras possibilidades de design de aplicativos fossem desenvolvidas, e, com isso, o fundamento de interfaces digitais evoluiu, sendo integrados aspectos cognitivos e emocionais do usuário durante sua interação com o computador. Levy (1993, p. 181) descreve *interface* como: "uma superfície de contato, de tradução, de articulação entre dois espaços, duas espécies, duas ordens de realidade diferentes: de um código para outro, do analógico para o digital, do mecânico para o humano".

Nos projetos de design digital e de aplicativos, a interface representa uma série de particularidades relacionadas à forma como os dispositivos móveis, os *smartphones* e os *tablets* interagem e se comunicam com os usuários. Dessa maneira, a interface é composta por um conjunto de elementos que tornam possível ao usuário ver, ouvir e interagir com as informações (Silva citado por Batista, 2008). Conforme Batista (2008), uma interface é composta por quatro elementos: (1) elementos não textuais; (2) elementos interativos; (3) elementos de layout; (4) elementos interpretáveis pelos navegadores.

Para Luesch-Reis (1991, p. 86), o design de interface "é responsável por propiciar ao usuário a capacidade de visualizar uma informação, ou seja, transpô-la para suportes físicos de modo a facilitar o seu entendimento e assimilação". No desenvolvimento de uma interface, é importante estar atento a três pontos-chave que podem ser aplicados facilmente no design de aplicativos. Preece, Rogers e Sharp (2005, p. 16) categorizam esses pontos da seguinte maneira:

1. Formato e densidade informacional – relacionado à quantidade de informação que determinado usuário será capaz de traduzir, baseado em suas limitações cognitivas;
2. Localização desta informação na interface – responsável pela escolha do melhor local para se localizar cada componente da interface;
3. Modo de interação com o usuário – relacionado à interação homem-máquina referente aos *feedbacks* do sistema perante as ações do usuário e à fácil compreensão da lógica do sistema e humano-humano, proporcionando a sua comunicação com outros usuários.

Umas das principais características dos projetos de design de aplicativos é a **interatividade**. Sobre esse aspecto, Preece, Rogers e Sharp (2005, p. 17) sugerem quatro princípios complementares:

1. Tarefas e metas dos usuários são a força subjacente ao desenvolvimento: esse princípio ressalta que o foco do planejamento das interfaces do material digital deve estar no perfil do usuário e nas experiências que ele terá a partir da sua interatividade com o material digital.
2. Comportamento do usuário e contexto de uso são estudados e o sistema é projetado para fornecer suporte a eles, carecendo não apenas tomar conhecimento das tarefas e metas dos usuários como também entender como eles costumam agir para realizá-las.
3. As características dos usuários são capturadas para o design atendê-las: os seres humanos são propensos a cometer erros e possuem certas limitações cognitivas e físicas. Logo, o material digital deve levar essa realidade em consideração de modo a auxiliar na diminuição desses possíveis erros e limitações humanas.

4. Os usuários são consultados durante o desenvolvimento desde as primeiras fases até as últimas e sua contribuição é seriamente levada em consideração: independentemente do nível de envolvimento do usuário no desenvolvimento do material digital, sendo assim, é importante considerar a sua opinião em relação ao uso do referido material.

Ainda, cabe ressaltar que, no design de aplicativo, uma das funções essenciais aplicada à interface está em compreender as necessidades e expectativas dos usuários e atendê-las, ou seja, diz respeito à procura pela satisfação com o uso do projeto de design digital.

2.4.1 Conceitos de design para dispositivos móveis

No desenvolvimento do design de interface, além dos fatores de utilidade, disponibilidade e custo, o principal elemento responsável por assegurar a satisfação do usuário é a **interface** desse dispositivo (Cybis, 2010). A interface aplicada ao design de aplicativos deve considerar os parâmetros principais do projeto para que o *app* e os serviços disponíveis atendam e satisfaçam às necessidades do usuário de forma rápida e eficaz. Alguns autores relacionam conceitos sobre os padrões de design pertinentes à navegação nos dispositivos móveis, quais sejam: *springboard* (trampolim), menu de listas, menu de abas, *dashboard* (painéis de instrumentos), metáfora e megamenu, os quais podem ser explicados, segundo Neil (2012), conforme as descrições a seguir:

- **Springboard (trampolim) ou *launchpad* (plataforma de lançamento)** – Esse design tem a capacidade de operar em diferentes dispositivos, pois não depende de sistema operacional. Ele se caracteriza por uma página inicial de opções de menu que funciona como um ponto de partida para o aplicativo.
- **Menu de lista** – É considerado como um ponto de partida para localizar as funções do aplicativo. Os menus de lista são úteis para títulos longos ou para os que requerem subtexto. As três categorias de listas comumente utilizadas são: (1) personalizadas; (2) listas agrupadas; e (3) listas avançadas.
- **Menu de abas** – Cada sistema apresenta um design exclusivo de abas, e a programação deve ser feita de maneira personalizada para cada marca. A rolagem horizontal das abas inferiores fornece um número maior de opções sem que seja necessário abrir mais uma tela. As abas superiores são mais familiares, já que lembram a navegação de websites.
- **Dashboard (painéis de instrumentos)** – Esses painéis exibem um resumo de parâmetros de desempenho. Cada métrica pode ser examinada para se obter informações adicionais. Esse padrão de navegação é aproveitável em aplicativos financeiros, ferramentas analíticas e aplicativos de vendas e marketing.
- **Metáfora** – Esse padrão caracteriza-se por aplicativos que ajudam as pessoas a catalogar e categorizar itens, por exemplo, uma biblioteca de músicas.
- **Megamenu** – O megamenu móvel é como o megamenu da web, ou seja, consiste em um grande painel sobreposto com formatação e agrupamento personalizados das opções de menu.

Além dos padrões de design, é preciso considerar o diagrama de navegação, pois ele apresenta, de maneira visual, a forma que o usuário navega de uma tela para outra no aplicativo, sendo igualmente fundamental criar um segundo protótipo. Esse protótipo nada mais é que uma versão desenvolvida a partir de especificações preliminares que simula as funcionalidades e a aparência visual de um aplicativo. Segundo Santos (2006), por meio do protótipo, usuários e desenvolvedores podem interagir avaliando, alterando e aprovando as características da interface e da funcionalidade da aplicação. Um protótipo, seja de design de aplicativos, seja de quaisquer outros projetos de design digital, pode ser classificado de maneiras diferentes de acordo com o grau de similaridade entre o protótipo e a interface final do produto. Conforme essas características, ele pode ser classificado como de baixa ou alta fidelidade, sendo este mais similar ao produto final. Leone, Gillihan e Rauch (2000) e Moffatt et al. (2003) apontam ainda a noção de **protótipos de média fidelidade**, que agregam vantagens dos protótipos de baixa e alta fidelidade. Um protótipo de média fidelidade consiste em uma implementação computadorizada com funcionalidade limitada, contendo apenas as funções essenciais para avaliar alguns cenários específicos (Moffatt et al., 2003).

2.5 Desenvolvimento de design de aplicativos

Os aplicativos têm de apresentar uma mecânica funcional, com linguagem de programação que evite o máximo de travamento nos diversos dispositivos que serão executados. Ao mesmo tempo, é importante que eles sejam de fácil navegação, sendo esse aspecto proporcionado pelo design do aplicativo. Além de melhorar a usabilidade de um aplicativo, o design agrega diversos valores, fazendo com que aquele aplicativo em particular se destaque de outros *apps* concorrentes, mas, para isso, é preciso planejar detalhadamente os elementos que compõem o design do aplicativo.

A escolha correta da tipografia deve considerar a boa legibilidade, facilitando a leitura das informações textuais e, se possível, utilizar famílias de fontes que conversem com a identidade visual do produto ou serviço que o aplicativo representa. As fotografias, imagens, composições visuais e ilustrações precisam ter boa qualidade de resolução para que não fiquem distorcidas, conforme as adaptações em diferentes dispositivos nos quais o *app* será executado. Esses elementos de tipografia, informações textuais e visuais devem ser organizadas de maneira coerente no layout e de forma que sejam atraentes aos usuários, com objetivo de prender sua atenção pelo maior tempo possível.

No design de aplicativos, é importante salientar que o desenvolvedor tem de se colocar na posição do usuário, conhecer seu perfil e seu nível de conhecimento em relação às tecnologias dos dispositivos, além de ponderar sobre o que um aplicativo pode proporcionar. Diante disso, no momento da criação do design de aplicativo, é fundamental pensar nas possibilidades de customização, a fim de que seja possível adaptar-se ao usuário, e não ao contrário. Esse aspecto melhora a experiência e a satisfação dos usuários do *app*.

A composição das cores de fundo, das tipografias e o fato de que os usuários podem utilizar os aplicativos em ambientes diferentes, internos ou externos, são aspectos igualmente relevantes. Imaginemos um layout com letras brancas e um fundo claro sendo visualizado sob a luz do sol, seria praticamente impossível visualizar as informações. Embora os próprios dispositivos móveis, como *tablets* e *smartphones*, tenham controle automático de brilho e contraste das telas, todos esses aspectos técnicos impactam o planejamento e o desenvolvimento do design de aplicativos.

O design de aplicativo também precisa atender às particularidades de cada sistema operacional e verificar se é necessário adaptar as funcionalidades. Por isso, os designers trabalham em conjunto com os profissionais de programação, com objetivo de sempre aprimorar a experiência dos usuários em relação aos tamanhos das fontes e às adaptações de imagens, cores, entre outros elementos. Por óbvio, é imprescindível ter conhecimento sobre as cores, sobretudo para manter a identidade visual da empresa, do produto ou do serviço que o aplicativo representa, escolhendo a composição e a tonalidade ideais. Mesmo que haja inúmeras possibilidades de uso de cores, é importante que elas sejam harmônicas com o tema do aplicativo.

Assim, a identidade visual por meio das cores, no design de aplicativos, só pode ser mantida por meio da consulta ao manual da marca da empresa. Entretanto, caso a organização não disponha desse documento, a referência inicial é o logotipo da empresa, elemento primordial na análise das cores a serem utilizadas; se for conveniente, também é possível criar uma paleta de corres a partir dessa referência. Cabe lembrar que, para cada tipo de design de aplicativo, existe uma solução ideal de cores. O contraste é um aspecto importante, pois, além de funcionar como um elemento organizador, ele permite destacar itens considerados significativos. É possível, por exemplo, aplicar uma tonalidade suave e contrastá-la com outros tons mais escuros, utilizando, para tanto, as cores da marca. O importante, nesse trabalho, é testar as opções e verificar quais se adequam melhor ao objetivo do projeto. A simplicidade, em muitos casos, é a solução ideal no design de aplicativos, uma vez que evita a poluição visual e, consequentemente, melhora a visualização da marca ou dos elementos em destaque no layout.

A composição das cores tem como função organizar e hierarquizar os elementos. Por exemplo, para destacar uma função, um botão ou um texto, podem ser aplicadas cores com tonalidades chamativas, como laranja, vermelho ou roxo. Além da aplicação das cores, os elementos devem ser dispostos no lugar correto, com objetivo de direcionar a atenção do usuário, que, normalmente, fixa seu olhar nos tons mais fortes para depois observar os tons mais claros. É importante saber que a escolha das cores deve ser adequada para cada objetivo que se deseja alcançar. Cores como laranja e vermelho são quentes e incentivam ações e, por isso, muitas vezes são aplicadas nos botões dos aplicativos. Assim, o usuário pode ser orientado por meio das cores, sendo recomendável, portanto, que as informações mantenham um padrão linear.

Os ícones dos aplicativos também auxiliam na navegação, já que várias ações podem ser identificadas por meio de imagens ou ícones representativos. No entanto, é preciso ter o cuidado de selecionar ícones que o público-alvo entenda o significado simbólico. Um ícone que representa um disquete indica, para muitos, o salvamento de um arquivo, por exemplo. Entretanto, alguns jovens considerados nativos digitais nunca utilizaram um disquete e talvez por isso não assimilem esse ícone à função de salvar, visto que, para eles, os *pendrives* ou o armazenamento nas nuvens cumprem essa função. Na criação dos ícones, é necessário considerar aspectos técnicos dos sistemas operacionais, tendo em vista que, nos sistemas iOS e Android, somente há a identificação de toques na tela no tamanho mínimo de 48 × 48 pixels. Dessa maneira, até o tamanho do dedo que toca a tela tem de ser analisado, sendo indicado utilizar ícones com 72 pixels para o toque com o dedo polegar, e com 57 pixels para o toque com o dedo indicador. Tais parâmetros evitam, por exemplo, cliques acidentais, melhorando a usabilidade e a experiência do aplicativo. Ainda, é importante verificar as diretrizes nos canais oficiais de cada sistema operacional e se há atualizações de parâmetros, pois as tecnologias dos dispositivos avançam rapidamente, trazendo inúmeros benefícios.

 O local do menu no design de aplicativo também facilita a experiência do usuário. Nesse aspecto, o tamanho do dispositivo em que o aplicativo será executado é um dos fatores a ser considerado. Nos *tablets*, por exemplo, a tela é maior e, em alguns casos, o menu pode ficar sempre aberto, diferentemente de quando é visualizado em um *smartphone*, com uma tela pequena. Sendo a maioria da população destra, esses aspectos precisam seriamente pautados. O menu normalmente encontra-se do lado direito, o que facilita deslizar o dedo para acessá-lo. O menu na parte superior também é comumente utilizado, pois ocupa um lugar de destaque.

Embora a possibilidade de personalização de um aplicativo seja grande, é fundamental manter a familiaridade com padrões de interação existentes, visto que mudanças podem aumentar o nível de dificuldade do usuário. No caso de desenvolvimento de *games*, as interações-padrão podem ser utilizadas, por exemplo, para executar ações em jogos. Contudo, essa definição depende do objetivo de cada projeto e dos recursos disponíveis.

Diferentemente de outros projetos de design digital, como o desenvolvimento de websites, plataformas ou portais, os aplicativos têm o perfil de executar tarefas específicas. Dessa forma, é basilar planejar que, com até três toques, o usuário consiga alcançar o objetivo esperado. Os aplicativos para os dispositivos móveis devem ser claramente objetivos, pois é preciso considerar que são visualizados em telas pequenas. No planejamento, é recomendável criar seções dentro do aplicativo para que, com no máximo três toques, seja possível acessar todas as funções disponíveis. Nesse sentido, é importante considerar a inclusão de uma ferramenta de busca, pois ela evita que o usuário perca tempo procurando alguma função, aumentando, assim, a praticidade.

Diferenciar texto de *hiperlink* é igualmente necessário. Assim como nos padrões de sites da web, é preciso que o usuário saiba identificar quando determinado texto pode direcioná-lo para outra tela, a fim de que obtenha mais informações. Um aspecto importante é o fato de que, em geral, essas plataformas já vêm com sistema de gestão integrado em que é possível obter informações de vários pontos do aplicativo, como o número de acessos, as telas que são mais acessadas e, até mesmo, informações comerciais de marketing, banco de dados de clientes, vendas etc. Neles é possível gerenciar o envio de notificações para os usuários, informando atualizações do aplicativo, cupom de ofertas, novidades, entre outros dados que promovem o aplicativo e geram atratividade entre os usuários.

2.5.1 Construtores de aplicativos

No processo de desenvolvimento de aplicativos totalmente personalizados e com programação própria, ou seja, que tenham plataformas de desenvolvimento, também conhecidas como *construtores de aplicativos*, é imprescindível alinhar o design com a identidade visual da marca. Caso a empresa não tenha um manual de identidade visual, é necessário utilizar todas as referências de que a empresa dispõe em sua comunicação visual, como marca, cartão de visitas, papel timbrado, tipografia, cores etc. O site da empresa torna-se uma grande referência, sendo importante analisar todas as informações nele contidas. Ainda, é fundamental lembrar que um aplicativo não é um site, pois, como o nome já indica, trata-se de uma aplicação, e não simplesmente de uma versão do site da empresa.

Os construtores de aplicativos oferecem inúmeros *templates* que servem como base para o desenvolvimento de um aplicativo. Em alguns casos, esses *templates* são praticamente 100% personalizáveis e, por isso, é imprescindível escolher o que mais se adapta com o design esperado. Os construtores de aplicativos são ferramentas que facilitam o desenvolvimento do design de aplicativos. Assim, o designer preocupa-se apenas com a personalização, não precisa ter conhecimento da linguagem de programação. Portanto, a escolha de um *template* é o ponto de partida para personalizar e executar ajustes até que se alcance o design do aplicativo pretendido. O passo seguinte é escolher o modo de navegação, conforme o conteúdo disponibilizado no *app*. Por exemplo, se for um aplicativo de notícias, é importante que seja selecionado um menu de navegação com grande quantidade de seções para que ele possa cobrir uma gama de entradas.

Seja por meio de construtores, seja por programação própria, o desenvolvimento de design de aplicativos exige uma preocupação extra com o *header*, que é o local onde é aplicada a marca/o logotipo da empresa, produto ou serviço que representa o aplicativo. Nesse momento, também é indicado consultar o manual de identidade da marca, caso a organização tenha um, a fim de colher informações quanto às variações horizontais e verticais do logotipo. Para as marcas que apresentam apenas versões verticais, é necessário verificar se o logotipo não ocupa muito espaço no *header*. Caso não seja possível adaptar a marca ao tamanho do *header*, é preciso realizar adaptações, mas sempre considerando a manutenção da identidade visual da marca, de forma que ela se encaixe na proporção ideal do *header*, garantindo a alta qualidade da imagem a fim de que não fique distorcida. Outra solução é apenas escrever o nome da marca, visto que o espaço utilizado no layout seria menor.

Vale ressaltar que o *header* é a primeira informação que salta aos olhos do usuário do aplicativo, por isso o design precisa ser bem planejado, de modo a atrair esse usuário. A tela de lançamento ou o ícone, onde geralmente está o logotipo da empresa, produto ou serviço que o aplicativo está representando, correspondem à imagem que é exibida enquanto o conteúdo do aplicativo está sendo carregado. Assim, essa imagem é a primeira informação apresentada ao usuário quando ele acessa o aplicativo. Dessa maneira, é essencial planejar o design a ser utilizado, independentemente se a escolha for por um *template* de construtores ou por uma programação própria.

Assim, é importante também atentar para as dimensões específicas e as limitações do desenvolvimento do logotipo e da tela, pois, para transmitir uma informação de forma rápida, é imperioso criar algo claro e simples. Tanto o ícone quanto a tela de lançamento têm especificações técnicas relacionadas ao tamanho e à resolução para cada sistema operacional, como iOS e Android. Nesse sentido, faz-se necessário consultar essas informações nos sites oficiais. Alguns construtores já informam os tamanhos e as resoluções que devem ser inseridos no sistema para que não aconteçam distorções.

Embora os construtores sejam baseados em *templates*, todas as telas do aplicativo não precisam ter necessariamente uma estrutura igual. A maioria dos construtores permitem utilizar mais de um *template* em um projeto. Portanto, é importante adaptá-los conforme as seções do *app*, destacando um conteúdo ou outro. Quando houver uma quantidade de texto expressiva em somente uma seção, é preciso cuidar para que a tela não se torne muito cansativa para quem lê. Indica-se, por isso, inserir vídeos e fotos, pois esses recursos geram mais impacto e podem ser facilmente compostos com os elementos textuais de um layout.

É importante salientar que as fotos e os vídeos inseridos devem ter boa resolução e não ser meramente ilustrativos. Para conteúdos com grandes apelos visuais, isto é, com várias imagens, fotografias e vídeos, é recomendável verificar as opções de *templates* de galeria de imagens e vídeos. No caso dos vídeos especificamente, é recomendado incluir a possibilidade de o usuário criar bibliotecas que permitam assistir a um vídeo novamente ou deixar salvo para ver depois. Além disso, é necessário incluir as opções de compartilhamento de vídeos e imagens, bem como de comentar, curtir etc., avaliando-se todas as opções com as quais os usuários têm familiaridade, como as redes sociais.

Caso se utilize como referência os recursos de outros aplicativos, por exemplo os das redes sociais, é importante ter o cuidado de não infringir direitos autorais e atentar para que seu uso não configure plágio. É possível utilizar uma ideia como base, mas não simplesmente fazer uma cópia do design. É capital também modernizar o aplicativo periodicamente. Além de enfatizar os novos recursos, o departamento de marketing pode usar o lançamento de novas funcionalidades como estratégia para surpreender os usuários e agregar mais valor por meio do design de aplicativos.

2.5.2 Características dos construtores de aplicativos

Atualmente, há inúmeras plataformas de desenvolvimento de aplicativos, e o que está em pauta é especificamente o design. Nesse sentido, para desenvolver um bom trabalho, o tempo de pesquisa é essencial na escolha da ferramenta mais adequada para cada projeto. Existe uma grande variedade de construtores de aplicativos e, por esse motivo, algumas plataformas especializaram-se em segmentos específicos. Por isso, é relevante identificar as alternativas e analisar questões de qualidade, opções de design e personalização. Questões como a simplicidade do uso da plataforma, opções de gerenciamento e obtenção de dados estatísticos do uso do aplicativo também devem ser consideradas na escolha de um construtor.

Embora os construtores sejam baseados em *templates*, quanto mais possibilidades de personalização, mais chances de alcançar o design de aplicativo esperado. A edição dos *templates*, os modos de navegação, a tipografia, as fontes e as cores para cada seção formam, juntos, o cenário ideal. Como o público-alvo principal dos construtores não são profissionais da área da programação, a operação da plataforma deve ser simples e intuitiva.

Os construtores de aplicativos são classificados como uma solução *do it yourself* (DIY), traduzido em português para "faça você mesmo". Portanto, seu uso deve ser fácil até para quem não tem conhecimento de design e programação. É interessante que a plataforma consiga identificar e apresentar eventuais erros que possam acontecer.

O sistema de gerenciamento de conteúdo (CMS) deve ser de fácil utilização, e sua atualização tem de ser simples, podendo ocorrer por meio de dispositivos móveis, e não apenas por *desktops*, e, ainda, deve oferecer uma integração fácil com as redes sociais. No CMS, a inserção de conteúdo, como criação de textos e artigos, envio de fotografias, vídeos ou anúncios de eventos, deve ser executada de maneira rápida e prática. Isso vale também para alterações, correções e inserção de opções que possibilitam definir se um conteúdo é gratuito ou pago. Assim, é preciso certificar-se de que o construtor oferece alternativas para escolher quais textos, imagens e eventos podem ser compartilhados e se terá conteúdo exclusivo no *app*. Cabe sublinhar que um aplicativo colaborativo considera as sugestões de seus usuários, para tanto, recomenda-se criar uma opção para que eles possam enviar conteúdo ou recomendações de assuntos.

As notificações *push* são recursos bastante relevantes e que devem ser analisados na escolha do construtor de aplicativo. Esse tipo de notificação tem grande utilidade na comunicação com os usuários por ser uma maneira de enviar informações diretamente na tela dos dispositivos móveis. É fundamental verificar se o construtor de aplicativos disponibiliza recursos como agendamento do envio de notificações e configuração do envio de notificação apenas para determinado público, visto que, pelo envio de *pushs* podem ser enviadas informações de promoções, atualizações dos aplicativos, cupons de desconto ou notícias, por exemplo, conforme o objetivo e o perfil do projeto. Ainda, para programar as notificações do *push* utilizando a base de dados. não se pode esquecer de verificar se há filtros, como de localidade (geolocalização), idioma, país, fuso horário etc.

Conforme é sabido, as plataformas de desenvolvimento normalmente criam design de aplicativos para sistemas operacionais específicos, como Android, iOS e web HTML5. Para tanto, é mais comum utilizar *apps* que sejam nativos de cada plataforma, pois eles permitem usar recursos do *smartphone* que aumentam as possibilidades de interatividade. Em geral, esses aplicativos são mais velozes e ganham mais fluidez, o que proporciona melhor experiência para os usuários. Entretanto, a grande vantagem de aplicativos web desenvolvidos em HTML5 não é a linguagem de programação da plataforma nativa, mas sua compatibilidade em todos os dispositivos móveis.

Além das ferramentas de design de aplicativos, as plataformas de desenvolvimento devem contar com recursos de gerenciamento de estatísticas, pois esse acompanhamento permite identificar as telas que são mais visitadas, indicando a preferência dos usuários. Tal recurso pode, inclusive, em certos casos, apontar eventuais erros do design. De maneira geral, os recursos de gerenciamento possibilitam que se identifique de onde se originam as visitas, funcionando como uma ferramenta de otimização para os departamentos de marketing. Por meio de informações como a geolocalização (país, estado, cidade, bairro), o idioma, o tipo de dispositivo utilizado para acessar o *app*, é possível desenvolver design exclusivo para os usuários. Alguns aplicativos podem ser integrados com serviços externos, como o Google Analytics e Flurry. Este é uma plataforma específica de análise de métricas e estatísticas de aplicativos móveis, tanto de Android quanto de iOS.

Algumas plataformas de construção de aplicativos disponibilizam opções rentáveis, monetizadas, isto é, criam oportunidades de se obter várias formas de lucro para além da inserção do produto na loja à qual se destina (Google Play; Apple Store), independentemente de o aplicativo caracterizar-se como gratuito ou pago. Uma das opções mais tradicionais de monetização é a inserção de publicidade por intermédio de *banners*, que podem ser estáticos, animados ou em formato de vídeo. Esse também é um fator relevante a ser considerado no momento da escolha, pois existem construtores de aplicativos que não cobram sua utilização, recebendo receita em cima da porcentagem dos *banners* veiculados aos *apps*.

Além de todos os aspectos já levantados aqui, a escolha do construtor de design de aplicativos precisa considerar a relação de custo-benefício. Há alguns casos em que o investimento é menor e com poucos recursos disponíveis. Algumas plataformas permitem testes gratuitos, por isso, sempre que possível, é recomendável experimentar o construtor antes de contratar o serviço. Para estudantes e profissionais iniciantes, é aconselhável usar esses períodos de teste para conhecer as ferramentas de diferentes construtores. Nesse processo de conhecer as plataformas, é preciso analisar todos os pontos discutidos até essa altura. Esse é também o momento de olhar minuciosamente os termos e o contrato da plataforma de desenvolvimento de design de aplicativos, pois existem casos em que a publicação dos aplicativos fica em nome das plataformas, e não do desenvolvedor.

Os construtores de aplicativos normalmente disponibilizam planos mensais, semestrais e anuais, sendo necessário verificar qual plano oferece o melhor custo-benefício e atende às necessidades do projeto, de acordo com o volume de aplicativos que será desenvolvido. Recomenda-se sempre ter atenção quanto aos planos com custo menor, verificando se está inclusa a veiculação de publicidade obrigatória, pois, em alguns casos, pode até ser veiculada publicidade dos concorrentes. Dependendo do tipo do aplicativo, embora seja uma fonte de monetização, veicular publicidade pode ser um ponto negativo e de afastamento dos usuários. Com isso, as plataformas e os construtores de aplicativos devem facilitar o desenvolvimento do design de aplicativos, oferecendo simplicidade por meio de ferramentas de fácil compreensão para iniciantes ou profissionais experientes. Igualmente importante é verificar de que maneira essas plataformas disponibilizam recursos de fontes externas para inserir informações nos aplicativos, como redes sociais ou *blogs*, por exemplo, pois algumas têm restrições ao veicular informações de fora de sua rede.

Ainda que a operação dos aplicativos seja intuitiva, os manuais, guias, tutoriais e o suporte técnico, sobretudo, devem estar disponíveis para auxiliar em configurações específicas. O acesso a tais informações deve ser fácil, de modo a otimizar o tempo de desenvolvimento. Os construtores podem também sugerir dicas, assim como novas tecnologias e tendências a serem aplicadas no design de aplicativos, tornando sempre moderno e atual os recursos e as soluções disponíveis no mercado. Nesse sentido, algumas plataformas fornecem ajuda *on-line* e serviços de primeiros passos, apresentando os principais recursos de seu sistema, detalhando as seções e as respectivas funcionalidades.

Em suma, os profissionais de design digital, que inclui a área de aplicativos, têm de se manter sempre atualizados quanto às novas tecnologias dos dispositivos móveis, como *tablets* e *smartphones*, e também quanto às modernizações dos principais sistemas operacionais. Ainda, devem estar a par do funcionamento das lojas desses sistemas, como a Apple Store e a Google Play, pois o design de aplicativos precisa seguir todos os parâmetros técnicos dos sistemas operacionais e das lojas de aplicativos, além, claro, de se preocupar com a boa experiência de seus usuários.

Yellow]/Shutterstock

CAPÍTULO 3

WEB DESIGN

Web design é a especialização do design digital cujo foco está no desenvolvimento e na criação de websites, de documentos e de arquivos disponíveis na internet, ou seja, é a área que alimenta o *World Wide Web*, também chamada, em português, de *rede mundial de computadores*.

Para a criação de websites, é importante conhecer o funcionamento da internet. A internet utiliza uma infraestrutura relativamente simples em relação à sua tecnologia, que recebe o nome de *rede cliente-servidor*. Os servidores são os computadores onde ficam salvos os arquivos e que fazem a distribuição desses dados armazenados para os clientes, que correspondem a outros computadores acessados nessa mesma rede. Em outras palavras: qualquer *notebook*, computador, *tablet* ou *smartphone* conectado à internet é um cliente e, para melhor entendê-lo, outro computador fornece o conteúdo; tem-se, assim, um exemplo de servidor.

Os dados são transferidos entre servidor e cliente através de uma conexão física por meio de fios, cabos, satélite, micro-ondas etc., conhecida como *rede ponto a ponto*. Esse tipo de rede é totalmente interconectada.

Assim, os computadores comunicam-se na internet por intermédio de um sistema de endereços e serviços. Esses endereços são conhecidos como *Internet Protocol* (IP). Serviços como o *HyperText Transfer Protocol* (HTTP) permitem transmitir textos, imagens, sons, vídeos e hipertextos. A comunicação entre os computadores (servidor-cliente) é estabelecida por números, como 214.144.99.11, por exemplo. Para facilitar, esses números são transformados em endereços com os quais acessamos os sites. Em outros termos, podemos dizer que é feita "uma tradução" do endereço numérico para o simbólico, chamado de *Domain Name Server* (DNS). Esse nome simbólico é conhecido como *domínio*.

A título de exemplo, para compor os elementos que estão disponíveis na web, como imagens, textos, áudios e vídeos, é necessária uma linguagem que permita a publicação desse conteúdo. Essa linguagem denominada *marcação de hipertexto* (*Hypertext Markup Language*) ou simplesmente HTML. Entre os anos de 1993 e 1995, surgiram versões como HTML+, HTML2.0 e HTML3.0, com o objetivo de sofisticar e aumentar a gama de opções que essa linguagem poderia proporcionar. Somente no ano de 1997, a linguagem HTML começou a ser padronizada pelo grupo de trabalho do W3C, um consórcio internacional que regulamenta os padrões para web. O grupo é composto por órgãos governamentais, empresas e organizações independentes com a finalidade de estabelecer padrões para a criação e a interpretação de conteúdos para a web.

Na versão do HTML4, o W3C apontou para a necessidade de os desenvolvedores considerarem, em seus projetos, a separação da estrutura do código, como a formatação e os conceitos de acessibilidade. Em 2004, empresas como Apple, Mozilla e Opera, não satisfeitas com os caminhos que a web estava seguindo, organizaram-se e criaram o WHATWG[1] para escrever a linguagem do HTML5. Essa versão permite a utilização de ferramentas de outras linguagens de programação como o CSS e o Javascript, além de possibilitar a criação de novas *tags* e modificar a função de outras. As *tags* são rótulos utilizados para comunicar ao

[1] Site para consulta: http://www.whatwg.org/

navegador como deve ser visualizado o site. No HTML5, as seções como cabeçalho, menus, rodapé e as nomenclaturas das *tags* foram padronizadas. Isso permitiu que essas informações fossem capturadas de forma automática e facilitassem a localização dos sites pelos mecanismos de busca. Esse recurso proporcionou maior interatividade, permitindo que o site fosse acessado em diversos dispositivos, como *smartphones* e *tablets*, sendo compatível com novos navegadores. Além disso, possibilitou a utilização de novas características ou atualização de forma imediata, sem a necessidade de elaborar alterações em código de um projeto já existente.

3.1 Construção de arquivo HTML5

A interface frontal, parte frontal, *front-end* ou *client-side* (sendo este nome específico para a web) são terminologias que se referem à parte inicial de produção de um projeto. Já a interface de suporte, retaguarda, secundária, *back-end* ou *server-side* (sendo este nome específico para a web), são termos que se referem à etapa final do desenvolvimento de um projeto (Ceri; Fraternali; Bongio, 2000). Desenvolver o *front-end* corresponde ao ato de criar a interface do sistema com o usuário, de acordo com a identidade visual do projeto. As telas devem ser elaboradas com a intenção de que a interação do usuário com o sistema seja mais fácil. A seguir, vejamos alguns recursos de interfaces utilizados com esse objetivo.

- tabelas, botões, listas e campos de pesquisa com exibição dos resultados;
- *feedbacks* com mensagens de texto, informando que uma ação está pendente ou foi concluída;
- animações na tela que facilitam o entendimento, confirmando ao usuário que a interação está sendo feita de forma correta;
- dicas para explicar as funcionalidades de um sistema, por exemplo, recurso de autocompletar um texto ou ação, entre outros.

O profissional que trabalha com o desenvolvimento de *back-end* cuida das funcionalidades do sistema e da interação com as bases de dados conforme as solicitações do usuário, isto é, manipula a linguagem de programação. O ambiente da web exige conhecimento de servidores, de protocolos como HTTP e de segurança. Dessa forma, para conceber um projeto para a web, por exemplo, é preciso trabalhar em equipe profissionais de *front-end* e *back-end* sobretudo, pois não adianta ter um site ou uma plataforma web com uma programação impecável, mas pouco compreensível. Assim, a interface precisa ser amigável para que os usuários não desistam de utilizar o serviço.

Na construção de um arquivo HTML, as *tags* escritas são, posteriormente, interpretadas pelo navegador e disso resulta o visual do site. A linguagem é escrita por meio de linhas de programação com uma estrutura básica. O que marca o início de uma *tag* é o símbolo matemático < (menor que). Após esse símbolo, é inserido o nome da *tag* e todas as informações que ela deve conter e, por último, junta-se o símbolo matemático

> (maior que), para encerrá-la. Uma *tag* HTML pode conter várias *tags*, como se fosse uma árvore, na qual algumas *tags* são hierarquizadas. A *tag* principal dessa hierarquia sempre será a HTML e, para encerrar um conjunto de *tags*, basta inserir o símbolo < e uma / (barra), seguidos do nome da *tag* e do símbolo >. Vejamos um exemplo, na linha de n. 7, a *tag* encerrada é representada pelo código </head>.

```
1.  <!DOCTYPE html>
2.  <html lang="pt-br">
3.  <head>
4.  <meta charset= "UTF-8">
5.  <link rel= "stylesheet" type= "text/css" href=" estilo.css">
6.  <title></title>
7.  </head>
8.  <body>
9.
10. </body>
11. </html>
```

Conforme apresentado na estrutura básica de HTLM5, o Doctype, obrigatoriamente, precisa ocupar a primeira linha de código, antes da *tag* HTML. O Doctype não é uma *tag* do HTML, mas uma instrução para que o navegador obtenha informações sobre a versão em que o código do arquivo foi desenvolvido. Na linha de n. 2, é observado o código <html lang="pt-br">. O atributo lang refere-se ao idioma principal do documento. Observe que o código tem um padrão. Primeiro é inserido o símbolo matemático < para abrir a *tag*, que, no exemplo, é o HTML.

Na sequência, é indicado o atributo, no caso `lang`, seguido pelo símbolo matemático `=` (igualdade). Logo após, são abertas aspas para indicar o atributo da *tag* e, posteriormente, as aspas são fechadas. Por último, para encerrar a *tag*, é inserido o símbolo matemático `>`, que resulta no código `<HTML lang="pt-br">`.

Após a *tag* que se refere ao idioma, a próxima que deve ser inserida é a `head`, que corresponde ao cabeçalho de uma página HTML e contém as informações sobre título da página e metadados. Essas são as informações sobre a página e o conteúdo publicado, que têm como função de facilitar o entendimento dos relacionamentos e evidenciar a utilidade das informações dos dados. O `head` também contém a Meta Charset, que diz respeito à codificação usada pelo documento. A UTF-8 é a mais utilizada na América Latina, pois permite o uso de acentos, cedilha etc.

Outra *tag* que também compõe a `head` é a `link`. Nesse caso, são *links* para fontes externas que serão usadas no documento. No exemplo, há uma *tag* `link` que importa o CSS para a página. O CSS é um mecanismo usado para adicionar estilo e padrões de formatação a um documento web, como o estilo de letra, por exemplo. O atributo `rel="stylesheet"` informa que o *link* se refere à importação de um arquivo CSS e, por isso, foi inserido antes de informar o tipo e o estilo de texto.

A *tag* `title` corresponde ao título da página, ou seja, ao nome da página. Na linha de n. 7, a *tag* `head` é fechada, representada desta maneira: `</head>`. Na linha de n. 8, é aberta, *tag* `body`, isto é, diz respeito ao corpo da página. Por esse motivo, a linha de n. 9 está vazia, pois, no exemplo apresentado, ainda não há nenhum conteúdo e todas as informações inseridas dentro dessa *tag* são visualizadas nos navegadores. A linha de n. 10 representa o final da *tag* body, ou seja, o fim do conteúdo da página, representado pelo código `</body>`. Na linha de n. 11, a *tag* informa que, naquele ponto, termina a página em HTML, representada pelo código `</html>`.

Todos esses dados exemplificam informações comportamentais e que não aparecem no site, como a *tag* `<title></title>` entre outras que devem estar entre `<head>` e `</head>`. `<body></body>`, *tag* que contém todo o conteúdo que aparecerá no site. Essa é a construção de um arquivo HTML5, conforme padrões W3C.

Resumidamente, as funções das *tags* principais são:

`<!DOCTYPE html>` – informa que o arquivo é HTML5 e deve estar na primeira linha;
`<html></html>` – inicia e encerra um arquivo html;
`<head></head>` – corresponde ao cabeçalho.

3.1.1 Formatação de estruturas básicas

Para escrever um parágrafo de website, a *tag* utilizada é a `<p>`. Para a quebra de linha, a *tag* é a `<br>`. É preciso lembrar-se de sempre fechar a *tag* do parágrafo antes de abrir outro. Cada formatação do texto, como negrito, itálico subscrito e sobrescrito, entre outros, tem seus próprios atributos, que são apresentados no Quadro 3.1.

Quadro 3.1 – **Tags de formatação de texto e sua visualização no navegador**

Código	Visualização no navegador

`<b>`
Este texto está em negrito
`</b>`
	Este texto está em negrito

`<strong>`
Este texto está forte
`</strong>`
	Este texto está forte

`<big>`
Este texto está grande
`</big>`
	Este texto está grande

`<em>`
Este texto está enfatizado
`</em>`
	Este texto está enfatizado

`<i>`
Este texto está em itálico
`</i>`
	Este texto está em itálico

`<small>`
Este texto está pequeno
`</small>`
	Este texto está pequeno

Este texto contém `<sub>`subescrito `</sub>`	Este texto contém $_{subescrito}$
Este texto contém `<sup>`sobrescrito `</sup>`	Este texto contém ^{sobrescrito}

Outra *tag* bastante utilizada é a `<h1></h1>`, que indica a formatação de um título principal (Powell; Jones; Cutts, 1998). Ela varia entre h1 e h6, variações que podem ser representadas da seguinte forma: `<h2></h2>`, `<h3></h3>`, `<h4></h4>`, `<h5></h5>`, `<h6></h6>`.

Quando é necessário inserir símbolos especiais, é indicado o uso de entidades (*entities*). Esse recurso viabiliza o uso de caracteres que não estão disponíveis no teclado, a exemplo de quando há a necessidade de empregar símbolos matemáticos para visualização em um navegador, como os que representam os sinais de menor e maior (< e >), respectivamente, já que esses símbolos são utilizados na linguagem. Para inserir uma entidade, primeiro é necessário usar o caractere & ("e" comercial), depois o nome da entidade, o número decimal ou número hexadecimal e terminar com ; (ponto e vírgula). Um exemplo de entidade que é bastante utilizada é a que apresenta o seguinte código   que reproduz somente um toque na tecla de espaço (*non-breaking space*). No Quadro 3.2, a seguir, estão listados alguns dos símbolos especiais mais utilizados e como o respectivo código é visualizado em um navegador.

Quadro 3.2 – **Lista de códigos de caracteres especiais e sua visualização no navegador**

Nome/Descrição	Código	Visualização no navegador
Non breaking space		
Copyright	&copy;	©
Marca registrada	&reg;	®
Menor que	&lt;	<
Maior que	&gt;	>
E comercial	&amp;	&
Apóstofro	&apos;	'
Apóstrofo duplo	&quot;	"
Cent	&cent;	¢

(continua)

(Quadro 3.2 – conclusão)

Libra	&pound;	£
Yen	&yen;	¥
Euro	&euro;	€
TradeMark	&trade;	™
Seta para esquerda	&larr;	←
Seta para cima	&uarr;	↑
Seta para direita	&rarr;	→
Seta para baixo	&darr;	↓

3.1.2 Listas ordenadas e não ordenadas

No web design, a criação de estruturas de listas ordenadas e não ordenadas é uma ferramenta importante para visualizar melhor as informações concernentes a determinado assunto, bem como para criar alguns menus. A diferença entre elas é que, em uma lista ordenada, os tópicos são enumerados, e em uma lista não ordenada, os tópicos são representados por marcadores, conforme exemplo contido no Quadro 3.3.

Quadro 3.3 – Exemplo de lista ordenada e não ordenada

Lista ordenada	Lista não ordenada
1. Item número um. 2. Item número dois. 3. Item número três.	• Primeiro item. • Segundo item. • Terceiro item.

Na linguagem HTML, a *tag* que representa a lista ordenada é a OL. O formato da lista é definido pelo atributo *type*, que pode ser:

- 1: para lista numerada, por exemplo, `<OL type=1">`.
- A: para lista com letras maiúsculas.
- a: para lista com letras minúsculas.
- I: para lista com algarismos romanos usando caracteres maiúsculos.
- i: para lista com algarismos romanos usando caracteres minúsculos.

Para listas não ordenadas, a *tag* utilizada deve ser a UL. O atributo `type` pode ser definido como `circle` para identificar um círculo, por exemplo: `<UL TYPE="circle">`, ou ainda `square` para quadrado ou `disc` para disco. O Quadro 3.4, a seguir, apresenta a programação em HTML e como a lista é visualizada em um navegador.

Quadro 3.4 – **Código HTML de lista não ordenada e sua visualização no navegador**

Código HTML	Visualização no navegador

`<UL TYPE="circle">`
`<LI>Lista com círculo</LI>`
`</UL>`
	○ Lista com círculo

`<UL TYPE="square">`
`.<LI>Lista com quadrado</LI>`
`</UL>`
	▪ Lista com quadrado

`<UL TYPE="disc">`
`<LI>Lista com disco</LI>`
`</UL>`
	• Lista com disco

3.1.3 Plataformas para correção de códigos HTML

Para criar um arquivo em html, basta digitar o código em um editor de texto, como o bloco de notas, e salvar o arquivo na extensão ".html". Para visualizá-lo, somente é necessário abrir o arquivo em um navegador. Caso apareçam erros, como erros de *tags* não fechadas, por exemplo, existem plataformas que identificam essas falhas e, assim, é possível efetuar a correção. Os padrões HTML5 são definidos pelo W3C, e, se respeitados, a visualização do site nos principais navegadores é a mais fiel possível ao código desenvolvido.

A seguir, listamos algumas plataformas para correção de códigos, quais sejam:

- https://validator.w3.org – O HTML *Validator* é o serviço de validação do W3C. Nele é possível colar o código diretamente, enviar o arquivo e, se a página já estiver no ar, digitar o endereço. Essa plataforma identifica os erros apresentando um relatório.
- https://jsfiddle.net – Nessa plataforma, a indicação de erro é apresentada na linha do código, destacando com um círculo vermelho o início da linha que está com algum erro.
- http://www.cssdesk.com/ – O CSSDesk permite a visualização *on-line* da página. Para isso, basta somente digitar o código.
- https://www.lncc.br/~borges/php/testar.html – A plataforma do Laboratório Nacional de Computação Científica pertence ao Ministério da Ciência, Tecnologia, Inovações e Comunicações. Ela também permite a visualização *on-line* da página apenas digitando o código.

De maneira geral, essas plataformas viabilizam o desenvolvimento de autonomia para identificação e autocorreção dos códigos em HTML, facilitando e otimizando o trabalho na criação de uma interface e na arquitetura da informação.

3.2 Introdução ao CSS e indexação ao arquivo HTML5

O *Cascading Style Sheets* (CSS, que representa folhas de estilo em cascata) é uma linguagem separada do HTML responsável pelos estilos de exibição em uma página da web com recursos mais sofisticados. Em razão da grande mistura de códigos com o próprio texto, formatar visualmente textos de uma página utilizando somente o HTML é quase impraticável. A sintaxe do CSS apresenta estrutura simples, bastando informar as propriedades e valores abrindo { e fechando } colchetes. Os valores são separados por um sinal de dois pontos (:), e as propriedades são separadas por um sinal de ponto e vírgula (;). Vejamos, no exemplo a seguir, um texto na cor azul com o fundo amarelo: "{color: blue; background-color: yellow;}". Há também outras maneiras de declarar essas propriedades. Uma delas é por meio do atributo *style* dentro do próprio arquivo HTML, por exemplo: `<p style="color: blue; background-color: yellow;">`.

Outro modo de usar o CSS, é identificar suas propriedades dentro de uma *tag* `<style>`, utilizando propriedades visuais em outro documento. Dessa maneira, é preciso identificar no HTML a qual elemento se refere. Para isso, é necessário utilizar um seletor CSS, que fará a busca dos elementos na página que receberão esse padrão. No exemplo a seguir, o seletor das *tags* identificadas com a letra p alteram a cor para azul e o *background* para amarelo:

```html
<!DOCTYPE html0>
<html>
<head>
<meta charset="utf-8">
<title>Introdução ao CSS</title>
<style>
p {
color: blue;
background-color: yellow;
}
</style>
</head>
<body>
<p>
O conteúdo desta tag será exibido na letra em azul com fundo amarelo!
</p>
<p>
<strong>Também</strong> será exibido em azul com fundo amarelo!
</p>
</body>
</html>
```

A utilização de arquivos externos, geralmente com a extensão ".css", é outra maneira de identificar o uso de CSS, uma vez que basta informar no arquivo HTML o *link* desse arquivo com a extensão ".css". Dessa maneira, o arquivo em HTML fica mais organizado, pois não é preciso atribuir grandes quantidades de informações no código. Essa informação deve estar contida na *tag* `<head>` do HTML, como no exemplo a seguir.

```html
<!DOCTYPE html>
<html>
<head>
<meta charset="utf-8">
<title>Sobre a Mirror Fashion</title>
<link rel="stylesheet" href="estilos.css">
</head>
<body>
<p>
O conteúdo desta tag será exibido em azul com fundo amarelo!
</p>
<p>
<strong>Também</strong> será exibido em azul com fundo amarelo!
</p>
</body>
</html>
```

Na página HTML desse último exemplo, os estilos ".css" estão em destaque. As linhas de códigos são as que estão escritas na sequência. Esses códigos constam dentro desse arquivo denominado *estilos css*, sendo apenas necessário na página HTML identificar onde se encontra o arquivo dessa programação por intermédio do código `href="estilos.css">`. Não é necessário, porém, ter toda a programação na página HTML, como a seguir:

```
p {
color: blue;
background-color: yellow;
}
```

A partir desse conceito, diferentes formatações podem ser inseridas no arquivo, como definição de fontes pelo atribuído `font-family` e alinhamentos pelo atribuído `text-align`. Os alinhamentos podem ser centralizados, justificados, alinhados à esquerda e alinhados à direita mediante os atribuídos `center`, `justify`, `left` e `right`, respectivamente. Ainda, o CSS permite inserir outros atribuídos, como bordas, definição de imagem de fundo etc.

3.2.1 Inserção de *links*

Os *links* ou *hiperlinks* possibilitam vincular um arquivo a qualquer outro arquivo ou recurso em uma página HTML. Eles podem ser aplicados em diferentes elementos, como imagens e textos, e, quando estão ativados, direcionam para a URL (endereço) existente no próprio site ou em outro que esteja na internet. A *tag* que indica um *link* é "a" `<a>`, na qual deve ser incluído o atributo `href` (*Hypertext Reference*), que é o endereço de destino do *link*. Dentro da *tag* `<a>`, deve ser inserido o texto, a imagem ou elemento que, ao ser ativo, direciona para o endereço dentro do atributo `href`.

A seguir, apresentamos um exemplo de *link* que direciona para a página. Quando a pessoa clica somente na palavra Uninter do site, já é direcionada à página de destino (https://uninter.com). O restante do texto "seja redirecionado à página da", não é um *link* e, por esse motivo, não está dentro da *tag* `<a>`. Assim:

```
<p>Seja redirecionado à página da
<a href=" https://www. uninter.com/ ">Graduação Ead
Uninter</a></p>
```

Nesse exemplo, o atributo `href=" "` é usado para adicionar um *link* de uma página externa do site. Para adicionar um *link* que leve a determinado ponto da mesma página, basta utilizar o símbolo `#` e, em seguida, a identificação do *link*. Por exemplo: para direcionar um *link* para o rodapé da página, a *tag* deve ser escrita da seguinte maneira: `<a href="#rodape"></a>`, e o ponto para onde será direcionado, ao clicar nesse *link*, deve ser identificado com o seguinte código: `<a name="rodape" id="rodape"></a>`. Já, quando é preciso direcionar um *link* para outra página dentro do mesmo site, o valor inserido é a `/` (barra), a fim de indicar o caminho da página, seguido do nome da página com a extensão do arquivo ".html".

Como padrão, os *links* abrem na mesma aba, mas também é possível que ele seja aberto em uma nova, em razão do atributo `target`, que tem os seguintes valores: `_blank`, `_self`, `_parent` e `_top`. O valor `_blank` define que o *link* abra em uma nova aba. Esse comando é utilizado normalmente quando o *link* é externo e com o intuito de evitar que o usuário feche o site de seu projeto e comece a navegar em outro site na mesma aba. Vejamos o exemplo de um *link* que direciona para uma página de **contato**, a qual está em HTML, recebendo o nome de *faleconosco.html*, que está dentro de uma pasta (diretório) chamada *sobre*. Este *link* abrirá em uma **nova janela**: `<a href="../sobre/faleconosco.html" target="_blank">contato</a>`.

A *tag* `<a>` apresenta alguns comportamentos padrão. Quando ela é aplicada, o texto fica sublinhado. Quando ainda não foi aberto, ele fica na cor azul e o CSS identifica o atributo como *link*. Para *links* já abertos, o CSS identifica com o atributo `visited` e o texto padrão assume a cor roxa. Para *links* ativos, ou seja, a página que está sendo navegada, a cor padrão do texto é a vermelha e o CSS identifica o atributo como `active`. Também é possível personalizar por meio do elemento `<style>`, definindo a cor do *link* inserido no `<head>` do arquivo HTML e aplicando atributo `text-decoration`, que define o que acontece com o sublinhado do texto quando o *mouse* passa por cima, utilizando o atributo `hover`, que pode sublinhar o texto utilizando o valor `underline`.

A seguir, mostramos um exemplo de CSS de um *link* identificado na cor verde (*green*), não sublinhado. Por esse motivo, o `text-decoration` está com o valor `none`. Quando o *link* for visitado (`visited`), ele apresentará o texto na cor azul e sem o sublinhado, o que explica o valor `none` para o `text-decoration`. Ao passar sobre o texto com o *mouse*, ele ficará em vermelho (*red*) e, nesse momento, aparecerá sublinhado. Por isso, o `text-decoration` está com o valor `underline` e, quando estiver ativo, a cor será

preta (*black*) e o texto não estará sublinhado, já que o text-
-decoration está com o valor none.

```
<style>
a:link {
color: green;
text-decoration: none;
}
a:visited {
color: blue;
text-decoration: none;
}
a:hover {
color: red;
text-decoration: underline;
}
a:active {
color: black;
text-decoration: none;
}
</style>
```

3.2.2 Inserção de menus de navegação

Na barra de navegação ou menu, os usuários visitam todas as páginas do site, por isso esses elementos são importantes e é recomendável que sejam construídos em um arquivo externo de CSS, formatado e personalizado da maneira como o designer desejar. Por se tratar de um menu, sua organização é facilitada, pois utiliza o recurso de listas ordenadas e não ordenadas. A seguir, mostramos um exemplo de menu com três *links*: (1) cursos, (2) polos e (3) vestibular:

```
<ul>
    <li><a href="">Cursos</a></li>
    <li><a href="">Polos</a></li>
    <li><a href="">Vestibular</a></li>
</ul>
```

Após a formatação, basta inserir o menu na página HTML, utilizando a *tag* `<nav>`. Essa *tag* tem a função de agrupar blocos de *links* de um mesmo assunto ou *links* internos do site, indicando que determinado bloco corresponde a um bloco de navegação. É importante lembrar que, para indicar um arquivo externo de CSS, é preciso usar código dentro da *tag* `<head>`. Vejamos, a seguir, um exemplo de menu salvo com o nome "barranavegacao.css" inserido em uma página de HTML: `<link rel="stylesheet" type="text/css" href="barranevagacao.css" />`

3.2.3 Aplicação de boas práticas na codificação

O HTML5 permite padronizar a linguagem para que ela possa ser visualizada em diferentes navegadores sem que apareçam erros. Para formatar uma página, há inúmeras possibilidades de alterar as características de um elemento, como um texto, e chegar ao mesmo resultado utilizando HTML e CSS.

Um exemplo prático é a formatação da cor de um texto, que pode ser definida simplesmente informando a cor como "red", com os valores hexadecimais ou com os valores no modo de cor RGB. A aplicação de boas práticas na codificação, em conformidade com a W3C, facilita o trabalho do desenvolvedor e, além de proporcionar consistência de código e estilos, otimiza o tempo e evita problemas de visualização, tornando o carregamento da página mais rápido. Com um código mais simples, o navegador lê mais rapidamente as informações e torna menos completa as tarefas de inserção de informações ou de manutenção.

Para aplicar as boas práticas na codificação, deve-se partir do princípio de que o arquivo HTML tem a função de marcar e definir a estrutura de elementos que compõem a página. Essa marcação assegura a identidade visual da página, além de definir a posição dos elementos no arquivo HTML e, por isso, são necessárias informações de cabeçalho, parágrafos e listas. Embora seja possível definir toda a formatação diretamente no arquivo HTML, o aumento da quantidade de linhas de códigos torna o arquivo muito longo. Dessa forma, é recomendado que essas formatações estejam presentes nas folhas de estilo, que são os arquivos de formatação de CSS. Eles são separados do bloco de notas e apresentam somente as linhas de códigos de formatação ou estilo específicos. Assim, no HTLM, basta indicar o momento em que devem ser usados.

As formatações em uma página e/ou em um projeto repetem-se inúmeras vezes. Caso a formatação seja feita no HTML, toda vez que aparece um texto que precisa seguir certo padrão, o desenvolvedor tem de digitar todos os códigos, o que faz com que essa página tenha uma grande quantidade informações. Além de demandar mais tempo, isso torna a leitura da página nos navegadores lenta. Entretanto, utilizando as folhas de estilo, o navegador e o computador, ou dispositivo usado para visualizar o site, carrega somente uma vez a folha de estilo. Toda vez que for necessário, o navegador apresentará a formatação de um texto com a mesma característica, consequentemente, a página carregará mais rápido, pois essas informações dos estilos já estarão armazenadas na memória do computador ou dispositivo.

Há outras aplicações de boas práticas na codificação de estruturação de HTML que podem ser indicadas, como utilizar o elemento `<p>` para parágrafos, em vez de utilizar duas vezes o `<br>`. No caso de listas, indica-se que elas sejam representas pelos elementos `<ul>` ou `<ol>`, e não pelo conjunto de `<p>` (parágrafo). Também não é indicado usar o atributo *size* pelo fato de ser relativo ao tamanho da fonte. No lugar dele, é aconselhável utilizar a propriedade `width` do CSS.

3.2.4 Normas de acessibilidade web

Desenvolver um projeto digital para web, seguindo todos os padrões, é importante para que a página seja visualizada de maneira fiel nos diversos navegadores existentes. Mas, além dessa preocupação, é necessário que as páginas sejam acessíveis e que não existam fatores que dificultem a navegação, permitindo que todas as pessoas possam ter uma boa experiência de utilização.

As normas de acessibilidade web determinam que todas as pessoas devem ter as mesmas condições de igualdade para poder entender e navegar de forma totalmente autônoma, além de ter acesso aos serviços e sites que estão disponíveis na web. Para isso, três aspectos essenciais devem ser observados: (1) a importância, a abrangência e a universalidade da web; (2) a reciprocidade; (3) a multiplicidade e a diversidade de fatores envolvidos.

A importância, a abrangência e a universalidade referem-se à disponibilidade de acesso à web não apenas no ambiente de trabalho, mas também em casa ou em viagens, por meio de computadores convencionais ou *smartphones*. Além disso, tal disponibilidade deve abranger tanto as cidades quanto o campo, bem como ambientes internos ou externos. Dessa forma, os profissionais têm de se preocupar cada vez mais com os aspectos visuais, para que eles tenham universidade de compreensão no que se refere à interface de sites, aplicativos e sistemas.

O aspecto da reciprocidade considera que os projetos web interagem sempre com os usuários e não simplesmente disponibilizam informações ou serviços para que as pessoas possam acessar, finalizando, assim, sua função. Por essa razão, a identidade visual deve ser planejada tendo em vista esse aspecto interativo com os usuários. Todo projeto de web design tem de considerar seriamente sua abrangência e a forma pela qual as interações são estabelecidas.

A multiplicidade e a diversidade de fatores envolvidos estão relacionadas de maneira intrínseca com a acessibilidade e, para que funcione, diversos componentes devem operar de forma harmônica entre os elementos, como a informação e o conteúdo disponíveis na página, bem como o código que foi desenvolvido para disponibilizar esse conteúdo. Os navegadores também devem cumprir seu papel de visualizar as informações dos códigos corretamente, garantindo que a acessibilidade seja possível. Sob essa perspectiva, a tecnologia assistiva é fundamental para viabilizar o acesso de pessoas idosas ou com deficiência e/ou mobilidade reduzida. Isso pode ocorrer com o uso de programas leitores de tela, ampliadores de tela, teclados alternativos, entre outros. O designer digital e os profissionais de desenvolvimento devem ponderar a respeito desses e outros aspectos, atentando, principalmente, para as publicações realizadas pela W3C.

3.3 Mapa de site

A representação hierárquica da estrutura de um site é denominada *sitemap* ou *mapa de* site. Com base nesse mapa, é possível visualizar o tamanho do site e compreender onde deve ser inserido cada conteúdo. Antes de chegar à etapa de desenvolvimento, o mapa do site tem de ser consultado com frequência pelo gerente do projeto, pelo diretor da criação, pela equipe de arquitetura de informação e também pelo cliente. Esse documento facilita a visualização do escopo do projeto, servindo para validar as hierarquias e seções, o qual deve ser aprovado pelo cliente. Alguns clientes, no entanto, somente conseguem entender o mapa do site se apresentado por meio do *wireframe*.

O mapa de site facilita o trabalho do designer digital, visto que esse planejamento serve para antecipar as possíveis dificuldades a serem enfrentadas pelo desenvolvedor e, além disso, por meio dele são acompanhados o desenvolvimento e a criação do cronograma efetuado pelo gerente de projeto. Nessa etapa, é possível identificar faltas ou excessos de informações, bem com definir a melhor maneira de navegar pela estrutura, certificando-se do sentido empregado na navegação.

Esse documento pode ser desenvolvido de maneira simples, como um organograma, utilizando-se quadrados para marcar a hierarquia, conhecidos como *mind mapping*, ou pode ser mais detalhado, apresentando uma versão reduzida do *wireframe*. Há algumas plataformas *on-line* que possibilitam criar e organizar mapas de sites, como o Canva (https://www.canva.com/pt_br/graficos/site-map/), que tem ferramentas úteis para estudantes iniciantes, pois fornece alguns modelos predefinidos, ou o Lucidchart, disponível no endereço https://www.lucidchart.com/pages/pt/gerador-visual-de-mapa-de-site.

3.3.1 Wireframe

A representação visual da estrutura e seu funcionamento em uma tela de um aplicativo ou uma página é conhecida como *wireframe* ou *diagrama de wireframe*. Em algumas plataformas *on-line* é possível criar e organizar *wireframes*. Uma delas é a https://wireframe.cc/, que possibilita a criação de forma intuitiva e focada em projetos que não solicitam um *wireframe* complexo, detalhado. Além dela, há inúmeros outros sites ou plataformas que cumprem a mesma função, quais sejam:

- https://cacoo.com/ – Além de *wireframes*, é possível construir fluxogramas.
- https://charts.hohli.com/ – Apresenta várias opções de estilos, tamanhos, cores e orientações.

- https://developers.google.com/chart – Além de *wireframes*, é possível criar fluxogramas e outros tipos de gráficos.
- https://creately.com/ – Além de *wireframes*, é possível elaborar mapas do site.

Cabe ressaltar que os *wireframes* devem ser criados no começo do desenvolvimento de um projeto, antes de iniciar o processo do design visual e conteúdo e podem ser desenvolvidos no papel, diretamente em CSS, HTML ou em até aplicativos e *softwares* específicos.

3.3.2 Desenvolvimento da codificação com base no mapa do site e *wireframe*

A criação do mapa do site e *wireframe* são de extrema importância em todos os projetos, principalmente no desenvolvimento de projetos com grande quantidade de conteúdo cuja equipe é a responsável pela programação do website. O design digital, logicamente, preocupa-se com a questão de identidade visual. A equipe de desenvolvimento leva em consideração todos os elementos que compõem o projeto, como sua posição e sua localização. Por esse motivo, é importante criar um *wireframe* bem elaborado, com o objetivo de que, na etapa de design da interface, não apareçam novos problemas.

Para diminuir a possibilidade de erros e minimizar problemas, além de desenvolver o mapa do site e o *wireframe*, que pode ser um simples rascunho básico mostrando apenas a estrutura e os componentes de uma página web, é indicado desenvolver outros documentos facilitadores, como modelos ou protótipos.

Grosso modo, os **modelos** preocupam-se com a identidade visual do projeto, e neles estão contidos detalhes dos elementos visuais que compõem o projeto. Na maioria dos casos, os modelos aproximam-se muito ou são exatamente idênticos à idealização do website, depois de finalizado, com imagens e gráficos integrados, com a tipografia e todos os elementos que compõem a página. Já o **protótipo**, também conhecido como *wireframe funcional*, corresponde a layouts que têm uma funcionalidade básica: mostrar, visualmente e aproximando-se o máximo possível da realidade, a navegação do site. Essa etapa é anterior à programação.

Nesse momento, ainda não é possível utilizar todas as funcionalidades do projeto, mas é plausível interagir de forma básica, simulando a maneira como os usuários, eventualmente, navegariam no site. Com isso, os protótipos podem incluir ou não elementos do design finalizado.

3.4 Construção do layout em *softwares*, aplicativos ou plataformas *on-line*

Para construir o layout de um website, há *softwares*, aplicativos e até plataformas *on-line* que facilitam o desenvolvimento, não sendo necessário sempre iniciar do início, uma vez que se pode escrever todos os códigos em um programa de texto como o bloco de notas, por exemplo. O *software* Adobe Dreamweaver permite criar, programar e gerenciar sites dinâmicos e responsivos, que se adaptam de acordo com o dispositivo no qual é visualizado. Ele apresenta um mecanismo de programação inteligente e simplificado em HTML e CSS, com auxílios visuais para reduzir erros e otimizar o desenvolvimento do site. Além do Dreamweaver, a Adobe disponibiliza outros *softwares* e plataformas para construção de layout, como:

- Adobe Xd – Plataforma colaborativa que pode ser utilizada tanto por uma equipe que deseja criar layout e design de sites quanto por pessoas que utilizam aplicativos móveis, jogos, interfaces de voz etc.
- Adobe Spark para web e dispositivos móveis – Além de criar páginas da web, permite gerar imagens para redes sociais e até vídeos curtos, tendo até mesmo uma biblioteca com modelos.

Além dos *softwares*, também existem plataformas *on-line* para construção de layout, sendo recomendável utilizar o Sistemas de Gerenciamento de Conteúdo (CMS). O WordPress é o mais empregado e pode ser usado para diversos projetos como site, *blogs*, lojas virtuais, sites de notícias, galerias temáticas e interativas. Ele é de fácil instalação nos servidores de hospedagem, e o layout é totalmente personalizável, com temas gratuitos ou pagos. Ainda, o WordPress permite adicionar o próprio modelo de site criado, por meio do HTML e CSS, e instalar funções adicionais, tornando fácil, por exemplo, a criação de formulário de contatos e integração com as redes sociais. Há, também, outras plataformas de CMS e aplicativos para desenvolvimento de sites e *blogs* na web com sistemas totalmente *on-line*, como:

- Joomla! (https://www.joomla.org/)
- Marvel (https://marvelapp.com/)
- Invision (https://www.invisionapp.com/)
- Pixate (http://www.pixate.com/)
- Fluid (https://www.fluidui.com/)
- Notism (https://www.notism.io/)

Além de construir os layouts, esses *softwares* e aplicativos ou plataformas possibilitam a finalização das estruturas, configurando juntamente as informações dos servidores. Assim, se o site já estiver registrado, é possível colocá-lo no ar.

3.5 Registro de domínio e servidor de hospedagem

Para poder publicar um site na internet, é preciso registrá-lo e hospedá-lo em uma empresa que presta esse tipo de serviço. O domínio nada mais é que o endereço de um site na internet e, para obtê-lo, é necessário realizar o registro no órgão competente. No Brasil, os domínios terminados em "br" são registrados no site www.registro.br e, para mantê-lo ativo, é necessário pagar uma taxa anual.

Qualquer pessoa ou empresa legalmente estabelecida no Brasil, jurídica (CNPJ) ou física (CPF), e que tenha contato em território nacional, pode registrar um domínio. Empresas estrangeiras também podem solicitar um domínio, desde que tenham um procurador legalmente estabelecido no Brasil. Para algumas categorias de domínios, é necessário o envio de documentação própria, em que são analisados o registro do CNPJ na Receita Federal (RFB) a fim de verificar se a razão social, o nome fantasia e as atividades econômicas autorizadas são compatíveis com a categoria pretendida. Em algumas categorias, além dessa análise com o nome de domínio pretendido, são solicitados requisitos adicionais, conforme apresentado no Quadro 3.5, a seguir.

Quadro 3.5 – **Categorias de registros que necessitam de requisitos adicionais**

Categoria	Requisitos adicionais
.AM.BR	Comprovante da ANATEL para Radiodifusão sonora AM.
.B.BR	Autorização do Banco Central.
.COOP.BR	Comprovante de que o titular é uma cooperativa.
.DEF.BR	Autorização do Colégio Nacional dos Defensores Públicos Gerais.
.EDU.BR	Comprovação da atividade específica através de documento do MEC e algum documento que comprove que o nome a ser registrado não é genérico.
.FM.BR	Comprovante da ANATEL para Radiodifusão sonora FM.
.GOV.BR	Comprovação de que a instituição pertence ao governo federal.
JUS.BR	Autorização do Conselho Nacional de Justiça.
.LEG.BR	Comprovação de instituição ligada ao Poder Legislativo.
.MIL.BR	Autorização do Ministério da Defesa.
.MP.BR	Autorização do Conselho Nacional do Ministério Público.
.ORG.BR	Documentação que comprove a natureza da instituição não governamental sem fins lucrativos.
.PSI.BR	Comprovação que a empresa é provedora de acesso à Internet.
.TC.BR	Autorização CG tc.br.

Fonte: RegistroBr, 2021.

A função de um domínio é executar a intermediação de um site para que ele possa ser visualizado por meio de uma palavra, isto é, corresponde ao endereço do site na internet. Já um servidor de hospedagem é o local no qual são armazenados todos os arquivos de um site na internet, em que o site é publicado *on-line*. Esses serviços são oferecidos por empresas de hospedagem, que, quando contratada, de certa forma, aluga um espaço dentro de um servidor. O servidor no qual são armazenados os arquivos necessários para que o site funcione corretamente nada mais é do que um computador ligado ininterruptamente para que as pessoas tenham acesso ao site 24 horas por dia. O servidor de hospedagem tem a responsabilidade de manter o site livre de vírus e sempre no ar, funcionando corretamente.

tj-rabbit/Shutterstock

CAPÍTULO 4

DESIGN RESPONSIVO

No ano de 2010 foi publicado, pelo desenvolvedor Ethan Marcotte, o artigo em inglês intitulado *Responsive Web Design*. Para os estudiosos e profissionais da área, essa foi a publicação empregou pela primeira vez o termo design *responsivo*. Portanto, trata-se de uma nomenclatura relativamente recente. Na referida publicação, Marcotte (2010) afirma que a forma como os usuários usam e acessam os serviços de internet estava passando por um processo de mudanças drásticas. Diante disso, seria importante que os sites se adaptassem a essa nova realidade, não somente os de empresas, mas também os pessoais. Essa mudança da forma de acessar sites e serviços da internet ocorreu em razão da popularização dos dispositivos móveis, como *tablets* e, principalmente, *smartphones*, justamente pelos benefícios de que eles dispõem.

Dessa maneira, grandes negócios, isto é, empresas de todos os portes, depararam-se com essa nova realidade: usuários que passaram a acessar suas páginas por meio de dispositivos móveis. Isso provocou a busca por soluções a fim de garantir que seus sites fossem compatíveis com diversas plataformas, tanto em relação ao tamanho quanto à resolução de tela, por exemplo, e não apenas atendesse aos tradicionais computadores e *notebooks*.

O design responsivo refere-se à técnica que permite que uma página na internet possa ser visualizada, ou seja, acessada de quaisquer tipos de máquina ou aparelho independentemente da sua resolução de tela. Isso inclui os acessos mais tradicionais, como *notebooks* e/ou computadores, e aqueles efetuados por dispositivos móveis, como *smartphones*, *tablets* e outros que possam surgir e que tenham acesso à internet, configurando-se, nesse sentido, como portáteis ou não. Para viabilizar esse processo de adaptação, foram combinadas duas linguagens de programação específicas para o desenvolvimento web: a HTML, cuja função está destinada em prover a estrutura textual, integração com as imagens e multimídia, e a linguagem de CSS, destinada para composição e agrupamento dos estilos visuais de um site.

Ainda, o design responsivo também cumpre a função de possibilitar o acesso a um site ao maior número de usuários possíveis. Assim, é necessário que tais sites se adaptem a uma maior quantidade de dispositivos possíveis, com diferentes resoluções e telas, aumentando as chances de atrair maior tráfego. Todos esses fatores, consequentemente, aumentam a possibilidade de sucesso da empresa, marca ou produto, que é representada pelo site.

O design responsivo está atrelado ao conceito de design denominado *experiência do usuário*, o qual aborda questões de usabilidade, qualidade e posicionamento dos elementos do layout do site de forma coerente e com bom desempenho em qualquer dispositivo usado para acessar a página.

Os diversos dispositivos existentes propõem distintas experiências para os usuários. Ao navegar em um site, por exemplo, a experiência é diferente se realizada por meio de um *notebook* e/ou computador, *tablet* ou *smartphone*, por motivos que vão desde o tamanho da tela até a utilização de *mouse* ou *touchpad/touchscreen*. Por isso, são utilizadas interfaces diferentes que se adaptam conforme o dispositivo usado pelo usuário.

Os projetos de design digital responsivo abordam a alteração dos tamanhos do layout, conforme as dimensões das telas dos dispositivos, tornando a experiência do usuário mais agradável no momento de sua utilização. Para que isso aconteça, há um trabalho de layouts e programação específica para que essa adaptação automática possa ocorrer. De maneira geral, o design responsivo refere-se ao conteúdo de peças digitais em que a adaptação é efetuada para que haja melhor visualização de acordo as especificidades do dispositivo acessado. Com isso, atualmente, essa é uma prática padrão no tocante a peças digitais em desenvolvimento. Portanto, os parâmetros do design responsivo são seriamente considerados em projetos de design digital.

4.1 Sites com design responsivo

Todos os aspectos do layout de um site têm de ser ponderados no design responsivo. Os elementos textuais e visuais que fazem parte do layout precisam ajustar-se aos diferentes tamanhos de tela para as quais os navegadores são compatíveis. Os elementos textuais, sobretudo, devem estar de acordo com as diversas plataformas para que os usuários possam ler com facilidade as informações, e, consequentemente, obter melhor acesso aos produtos, serviços, preços e dados de maneira fácil e clara. Outro benefício dos sites com design responsivo é o fato de apresentarem mecanismos de buscas, como o Google, a título de exemplificação. Os sites sem adaptação para os dispositivos móveis não têm prioridade nos resultados de busca. Diante disso, sites com design responsivo aumentam a possibilidade de melhorar o posicionamento em mecanismos de busca.

Sites com design responsivo também trazem facilidade na aplicação do *Search Engine Optimization* (SEO), que se relaciona a certas técnicas para que os sites tenham melhor posicionamento nos motores de buscas como Google e, consequentemente, sejam encontramos pelos usuários mais facilmente. Sites que se preocupam com todos os elementos gráficos e textuais, bem como com produtos e serviços bem organizados, são encontrados com mais rapidez e, se ainda forem adaptados, recebem maior destaque no *ranking* de buscadores.

O gerenciamento do conteúdo de um site responsivo funciona da mesma maneira para o site nas versões *desktop*. Assim, não é necessário elaborar atualizações nas diferentes plataformas de visualização. Entretanto, os sites responsivos apresentam algumas características particulares, quais sejam:

- **Media queries** – É possível atingir não apenas alguns níveis de dispositivos, mas também realizar a inspeção das características físicas do dispositivo que processa o layout do site. Dessa forma, os desenvolvedores podem utilizar as informações para aplicar alterações de acordo com as propriedades do dispositivo que o usuário está navegando.
- **Grids flexíveis** – São sites desenvolvidos com *grids* flexíveis nos quais as colunas podem reorganizar-se de maneira automática para caber em telas de diferentes dimensões ou na janela do navegador.
- **Layouts fluídos** – Essa técnica permite a criação de layouts intemporais, que são adaptáveis para qualquer dispositivo, independentemente de seu tamanho ou formato.

Esses três conceitos: *media queries*, *grids* flexíveis e layouts fluídos não são apenas configurações técnicas, mas um modo de conceber o design responsivo em direção àquilo que o mercado espera que sejam os sites. Segundo Makino, Jung e Phan (2015), a partir de abril de 2015, o mecanismo de busca Google colocou a acessibilidade para o dispositivo onde é feita a busca como índice de relevância para os websites.

Sites com design responsivo apresentam características denominadas, pelo Google, *mobile friendly websites* ou, em tradução livre para o português, "websites amigáveis para dispositivos móveis". Assim, essa característica tem alta relevância para mecanismos de busca em dispositivos móveis, conforme afirmam Nielsen e Loranger (2007, p. 27): "Sistemas de busca na web, como o Google, tornaram-se ferramentas dominantes para usuários que procuram informações, serviços e produtos, sendo atualmente o principal meio para que o usuário visite um site pela primeira vez".

O mecanismo de busca do Google classifica o termo *mobile friendly websites* em três categorias: (1) URLs separadas; (2) exibição dinâmica; e (3) web design responsivo. Vejamos, a seguir, as descrições de cada categoria:

- **URLs separadas** – São desenvolvidas versões do site com o objetivo de atender aos diferentes dispositivos e aplicativos web, mas mantendo a mesma base de dados. Dessa maneira, existe uma versão do site para computadores e outra para dispositivos móveis, como para *smartphones*. De acordo com o dispositivo usado pelo usuário para acessar o site, ele é encaminhado automaticamente para versão ideal para aquele tipo de aparelho.

- **Exibição dinâmica** – O dispositivo é detectado na programação do website, e o conteúdo é composto de acordo com o resultado dessa detecção, a partir de um mesmo aplicativo, ou seja, no *back-end* do site é processado um HTML adequado ao dispositivo. Essa arquitetura possibilita que, em dispositivos móveis, sejam exibidos menos conteúdos e recursos do que na versão de *desktop*.
- **Web design responsivo** – O website apresenta o mesmo conteúdo para todas as plataformas, usando apenas recursos do *front-end*. Tal abordagem simplifica o desenvolvimento e minimiza custos, já que o trabalho é concentrado em uma só parte do site, possibilitando até mesmo adaptá-lo para *back-ends* prontos, como gerenciadores de conteúdo.

Considerando as características da categoria URLs separadas, Fox (2012) considera que tal método gera esforço repetitivo ao desenvolvedor, já que é necessário o controle de mais de uma versão do website, o que pode gerar possíveis problemas, como mau funcionamento de uma das versões ou conteúdo desatualizado. É importante considerar que, quando um site visa atender aos dispositivos móveis, isso possibilita maior usabilidade, tendo em vista que a interface para esses dispositivos é desenvolvida com características exclusivas. No caso das URLs separadas, o conteúdo exibido pelo site é determinado de acordo com as capacidades do dispositivo para o qual o website foi desenvolvido.

Desse modo, é importante considerar todos os aspectos, pois o website com URLs separadas, apesar de apresentar condições melhores de operação por parte do usuário, demanda um esforço maior para que os dois projetos tenham a mesma essência, ou seja, a versão *desktop* e a adaptação para dispositivos móveis. Assim, é importante estabelecer uma estratégia, prevendo que as experiências sejam o mais semelhante possível nos diferentes dispositivos. Consequentemente, esse tipo de projeto terá um custo maior pelo fato de o planejamento ser mais complexo.

Para projetos que empregam a exibição dinâmica, cabe ressaltar que esse é um dos modos de lidar com o tamanho menor de telas de dispositivos móveis. Nesse caso, a exibição descarta alguns elementos do design, e a versão desenvolvida é considerada como um subconjunto do site completo. Para isso, deve ser feito um bom planejamento, pois é necessário recortar recursos e conteúdo do site completo para *desktop* de forma que atenda às principais necessidades dos usuários na versão para dispositivos móveis.

O site desenvolvido com a técnica de exibição dinâmica tem de equilibrar de forma harmônica o desenvolvimento do *front--end* e do *back-end*. O *front-end* é responsável pela formatação visual; o *back-end* pela adaptação do conteúdo ao dispositivo usado para acessar o site ou aplicativo. Kalbach (2009, p. 172) aponta:

> o design pode ser favorecido ou restringido pelo *back-end*, pois uma não adequação do desenvolvimento do *back-end* com o desenvolvimento do *front-end* pode trazer muitos problemas e dificuldades, contando que, na maioria das vezes, o *back-end* e o *front-end* [correspondam a] equipes separadas, [que] devem ser muito bem gerenciadas.

Assim, é importante utilizar uma estratégia única, evitando a duplicação do esforço na geração de conteúdo. Por fim, cabe relembrar que o web design responsivo é um padrão de design recomendado pelo Google, ou seja, os sites que utilizam esse conceito estão posicionados nos mecanismos de buscas.

4.1.1 Web design responsivo

O conceito de web design responsivo é baseado na arquitetura responsiva que altera o ambiente e o espaço com o objetivo de se adaptar a condições predefinidas ou cogitadas, utilizando recursos como sensores que alteram as características da forma, das cores e dos elementos que compõem determinado espaço. Dessa maneira, a ideia é que o site se adapte à tela do dispositivo do usuário. Para tanto, Marcotte (2014, p. 172, tradução nossa) destaca três conceitos relacionados ao *front-end*:

1. Uma grade flexível para compor o layout, utilizando unidades de medidas proporcionais, por exemplo em porcentagem, para os tamanhos de colunas, margens, espaçamentos e fontes.
2. Imagens e objetos de mídia com tamanhos flexíveis.
3. *Media queries*, uma especificação CSS3 que permite que configurações CSS sejam aplicadas somente quando certas características forem satisfeitas no dispositivo e/ou no navegador do usuário.

A grade flexível é inspirada nas tipográficas do design gráfico, mas o uso delas não é algo novo no web design. Nas *tags* `div`, que são as marcações HTML que representam divisão do conteúdo, os elementos da página são aninhados de acordo com seu assunto, dentro de várias marcações `div` para serem posicionados pela folha de estilos CSS. As *tags* `div` são organizadas pelo código CSS ou, até mesmo, pela estruturação por tabelas.

É importante lembrar que, no início da linguagem de programação HTML, essas *tags* eram limitadas à estruturação de layouts dos websites. Uma solução encontrada pelos web designers foi empregar o elemento *table*, que disponibilizava células estruturadas em colunas e linhas, usando nichos para organizar o conteúdo das páginas. Com o surgimento do CSS, essa técnica foi praticamente esquecida.

Dessa forma, as estruturas de tabelas, mesmo com limitações, eram, de certa forma, grades com o intuito de organizar o conteúdo do layout. É preciso ponderar que o fato de aplicar medidas proporcionais pode acarretar uma adaptação proporcional do espaço no layout, entretanto isso não significa, necessariamente, que o site tem caráter tecnicamente responsivo. De maneira isolada, esse procedimento não garante boa visualização dos elementos dispostos no layout, pois itens como títulos, logotipos e imagens podem ficar pequenos e perder totalmente sua legibilidade, ou seja, a disposição dos elementos pode não se apresentar de maneira ideal.

Uma solução para resolver o problema de adaptação do layout é utilizar as técnicas de *media queries*. A linguagem de programação CSS disponibiliza recursos que estabelecem a substituição de algumas formatações do layout de acordo com parâmetros especificados. Desse modo, torna-se mais fácil alterar a posição e as dimensões de elementos do layout, como o logotipo, por exemplo, caso a largura do navegador seja menor ou maior que sua quantidade de *pixels*. Assim, é importante que sejam elaborados testes para a visualização do website, bem como estabelecer *breakpoints*, que são as medidas da largura da janela do navegador ou o ponto em que há uma quebra no layout, verificando se estão no lugar correto.

Atualmente, existem lançamentos de novos dispositivos praticamente todos os meses. Portanto, fica difícil prever no layout todas as larguras de tela, não apenas as já existentes, mas também as que estão por vir. Dessa maneira, os elementos do conteúdo são dispostos nos *breakpoints* de forma que favoreçam a estética do website e, consequentemente, a visualização e a interação do usuário. Logo, os parâmetros do web design responsivo buscam garantir a eficiência do layout em diferentes dispositivos. Um design considerado consistente utiliza sempre uma única base de código. Segundo Levin (2013, p. 14, tradução nossa), esse tipo de design apresenta as seguintes características:

- Mantém a funcionalidade central consistente em todos os dispositivos, de forma que os componentes vitais da experiência, como elementos de interação e de estrutura de navegação, mantenham-se os mais semelhantes possíveis e funcionem da forma mais parecida quanto possível.

- Deve-se aplicar uma arquitetura da informação consistente em todos os dispositivos, mantendo a estrutura, a organização e a terminologia básicas da informação de forma mais semelhante possível. Isso não impede que o modelo de navegação seja ajustado para determinados dispositivos.

- Mantém a sensação e a aparência consistente em todos os dispositivos, com uma linguagem visual comum usada para ajudar as pessoas a estabelecer não apenas a personalidade da marca, mas também o vínculo cognitivo e afetivo entre os dispositivos. Ainda, apresenta diferentes designs visuais, o que pode sinalizar às pessoas diferentes funcionalidades, fluxo ou opções, bem como aumentar a curva de aprendizado.

Assim, o uso de *media queries* e de layout flexível proporciona que um único código HTML possa ser empregado para diferentes tamanhos de telas. No entanto, apenas essa característica não é um fator determinante para propor uma experiência de usuário satisfatória dentro de uma abordagem consistente.

4.2 Mobile first

Como os *desktops* surgiram antes dos *notebooks* e, logicamente, dos dispositivos móveis, os primeiros estudos de adaptação de conteúdo foram baseados em uma tela de tamanho grande. Com isso, a tarefa de adaptação para uma tela de tamanho pequeno sempre foi um desafio, visto que podem ocorrer problemas de usabilidade. O conceito de *mobile first* prevê exatamente o contrário: um site inicialmente projetado para dispositivos móveis, constituído de telas pequenas, adaptado para dispositivo de telas grandes, como *desktop*.

A aplicação desse conceito ganha força com a grande popularização do acesso à internet por intermédio de dispositivos móveis que já superam o acesso por meio de computadores tradicionais. Atualmente, a geração de nativos digitais, que nasceram na era dos dispositivos móveis, como *tablets* e *smartphones*, praticamente desconhecem a maneira como se utiliza um computador e, em alguns casos, até *notebooks*. Para essa geração, a adaptação do dispositivo para telas maiores é quase nula. A ideia do *mobile first* gira em torno da elaboração de um projeto de design digital no qual se deve, primeiramente, prever seu uso para *smartphone*, uma vez que está sendo projetado para uma tela pequena. Essa noção faz com que o layout seja pensado a partir das principais tarefas que devem ser executadas pelos usuários na interface; os conteúdos sem relevância são descartados de maneira natural. Diferentemente de um site planejado primeiramente para telas grandes, que sempre procura inserir o máximo de conteúdo possível. Em alguns casos, é previsto que tarefas que não sejam fundamentais somente estejam disponíveis na versão *desktop* do projeto.

Essa técnica estimula a inovação no design de layouts dos sites, direcionando o foco apenas para as tarefas mais importantes. Alguns profissionais e estudiosos apontam que otimizar um projeto por inteiro para dispositivos móveis desde o início da criação não causaria nenhum problema de uso, no entanto, por outro lado, pode ser negativo para os usuários que visualizam pelo *desktop*, caso não haja adaptação do site para uma tela maior. Assim, é preciso considerar todos os aspectos da experiência dos usuários nas diversas plataformas, prevendo, na estratégia de design, que o projeto funcione de maneira satisfatória nos diferentes tamanhos de tela.

No momento em que os fundamentos de *mobile first* são aplicados em conjunto com as soluções de layout, é possível que alguns recursos não sejam atendidos em todos os dispositivos que acessam a peça digital. Portanto, é necessário que ajustes sejam desenvolvidos, conforme a experiência que se deseja propor em cada dispositivo móvel. O mercado de tecnologia de *tablets* e, sobretudo, de *smartphones* são bem aquecidos, visto que os lançamentos ocorrem muito rapidamente.

Por fim, cabe ressaltar que os conceitos de *mobile first* dificilmente atendem a todos os novos dispositivos, mas, se aplicados, ao menos garantem que os recursos principais de um site sejam acessíveis na maioria dos *smartphones* ou *tablets* que surgirão.

4.2.1 Organização e interações no *mobile first*

Conforme é sabido, uma das funções do design é organizar os elementos de um layout. No design digital e, especificamente, no web design, deve-se ter a mesma preocupação com a interface, pois a organização integra a usabilidade, tornando mais fácil a navegação. Com relação à organização, Wroblewski (2011, p. 26, tradução nossa) traz os seguintes apontamentos:

- Procurar manter rotulagem clara, modelos mentais adequados e amplitude e profundidade do website equilibradas: diz respeito à organização e ao destaque de palavras-chave, procedimentos adequados ao usuário para realizar as tarefas, bem como quanto à profundidade de páginas e links, pois páginas muito profundas podem desencorajar os visitantes.

- Alinhar a forma como as pessoas usam seus dispositivos móveis e o porquê: deve-se pensar em como os recursos e o conteúdo do website podem ser úteis para as pessoas onde elas estiverem, pensando no contexto de uso dos visitantes. Aquilo que não estiver de acordo com o uso realizado deve ser excluído.

- O conteúdo precede a navegação: o usuário quer respostas imediatas para suas necessidades, e não o mapa do site. Deve-se reduzir a quantidade de opções de navegação, focalizando as tarefas-chave que as pessoas precisam/desejam alcançar.

- Fornecer opções relevantes para buscas e descobertas: apesar de parecer o oposto do item citado anteriormente, não é defensável o uso de pilhas de barras de navegação que acabam por obscurecer o conteúdo. As opções de navegação devem ser relevantes e estar bem posicionadas, permitindo que as pessoas mergulhem mais profundamente ou explorem outras partes do site.

- Manter clareza e foco: nos dispositivos móveis, as pessoas geralmente são apenas um olho e um polegar, suscetível a interrupções, sendo assim, de acordo com o contexto de uso do dispositivo, precisam de designs claros e focados para realizar as tarefas, e não um aglomerado de opções de navegação intervindo em seus caminhos.

As questões relacionadas à interface são importantes, mas, antes, é preciso considerar como ocorre o processo de interação em dispositivos como *tablets* e *smartphones*, já que, em *notebooks* e computadores, a interação é estabelecida mediante o uso do *mouse*.

Nos websites para versão *desktop*, ao passar em cima de um botão pela programação HTML e CSS, é possível inserir algumas funções. Isto é, é exequível mudar de cor ou empregar algum destaque. Esse recurso tem o objetivo de diferenciar determinado elemento dos demais que compõem o layout do site. Já na versão para os dispositivos móveis, essa função de passar por cima de um botão, também conhecida também como *hover*, é inexistente, pois a interação é feita pelo *touchscreen*, ou, em tradução livre para o português, "toque na tela". Dessa forma, esse é outro aspecto que precisa ser planejado quando são utilizadas as técnicas de *mobile first*.

É necessário delinear vários fatores que analisam, por exemplo, o menor tamanho da tela dos dispositivos móveis em relação à interação, tendo em vista que são utilizados os toques dos dedos, e não os cliques do *mouse* para acessar os botões. Embora existam *mouses* de diversos tamanhos, e alguns com formatos diferentes, o tamanho do ponteiro que interage com a interface é o mesmo. Nesse sentido, é necessário considerar que os dedos não têm a mesma precisão em relação ao *mouse*. O tamanho do ponteiro do *mouse* ou da "mãozinha", dependendo da interação que está sendo executada, é definido pelo sistema operacional visualizado no site; o mesmo não ocorre com o tamanho dos dedos das pessoas, que não são padronizados. Cada pessoa tem características físicas distintas e que são influenciadas por diversos fatores, como a idade, visto que o dedo de uma criança tem dimensões diferentes em relação ao de um adulto.

Durante a interação, aspectos culturais e físicos têm de ser ponderados no processo de planejamento de um projeto de design digital responsivo, como o sentido da leitura, no caso dos ocidentais/orientais, ou se a maioria da população é destra ou canhota. Com essas informações, é possível planejar o posicionamento dos elementos de interação no layout. Normalmente, a maioria dos usuários utiliza a mão direita e seu polegar no momento que está interagindo com um *smartphone*. Diante disso, deve-se otimizar o máximo possível para que as ações sejam de fácil acesso ao polegar direito. Esse aspecto é também um elemento de usabilidade.

No planejamento do layout, as principais ações, também conhecidas como *primárias*, devem estar dispostas na parte central ou inferior da tela e organizadas da esquerda para a direita. Dificilmente, essa mesma solução pode ser empregada em um layout visualizado em uma tela grande cuja interação ocorre por meio de um *mouse*, como no caso dos sites acessados por *notebooks* ou computadores.

Depois de planejadas as ações primárias, a próxima etapa é pensar nas ações relacionadas à exclusão ou ao cancelamento, denominadas *ações destrutivas*, como o botão de remover um produto do carrinho de compras em uma loja virtual. As ações destrutivas devem estar dispostas no layout, exteriores à área considerada como zona de conforto. Em outras palavras, correspondem a ações de fácil acesso ao toque dos dedos, evitando, assim, o cancelamento de determinado serviço ou a exclusão de um produto do carrinho de compras de forma involuntária.

Normalmente, nos dispositivos móveis, uma área considerada exterior à zona de conforto localiza-se no campo superior esquerdo da tela. Esse campo foi determinado pelo fato de que, para o dedo alcançar essa região, é necessário um estiramento do polegar direito para tocá-lo; portanto, não é indicado inserir botões ou quaisquer elementos de interação nessa região.

Além dos toques nas versões adaptadas dos navegadores web para dispositivos móveis, há praticamente um padrão universal dos gestos, que, embora seja bastante desconhecido, é utilizado nos conceitos do HTML5. Dessa forma, além do toque no layout do site, a interação também pode concretizar-se por gestos. Antes de os *smartphones* tornarem-se populares, alguns usuários tinham dificuldades para se familiarizar com os gestos; os nativos digitais, por sua vez, utilizam os gestos de maneira natural e, para eles, é mais difícil a familiarização com os layouts do *desktop*.

O uso dos gestos como recurso interativo, para ser funcional, precisa proporcionar uma compreensão fácil, a fim de que o usuário possa detectar que esses gestos se relacionam com determinados tipos de interação. Ao utilizar gestos para interagir, é indicado apresentar dicas de como manipular determinados recursos, como atalhos para ampliar ou reduzir o *zoom* de uma página. Se necessário, recomenda-se elaborar pequenas animações ou vídeos, demonstrando a ação que determinado gesto pode executar. O ideal é que o layout seja totalmente intuitivo, descartando a necessidade de leitura de manuais ou assistir a vídeos para compreender a navegação, o que prejudicaria a satisfação do usuário. Por isso, é importante que todos os aspectos de interação sejam planejados nos layouts para dispositivos móveis.

As interações das ações dos eventos *hover*, utilizando as técnicas de *mobile first*, podem ser substituídas por outras soluções que sejam de fácil adaptação e entendimento, conforme as características de dispositivos móveis, entretanto, é preciso prever uma interação que ocorre por *touchscreen*. Alguns profissionais, quando é extremamente necessário, utilizam a abertura de uma tela secundária para substituição do evento *hover*. Contudo, como essa interação relaciona-se à ação de passar com o *mouse* por cima do botão, é importante refletir se inserir uma tela secundária é algo realmente necessário.

Igualmente fundamental é considerar em que termos a interação será estabelecida nos dispositivos que não fazem uso do *mouse* ou do *touchscreen*, como acontece quando o acesso de um site é feito através de uma *smart* TV, por exemplo. Nesse caso, o *mouse* ou as funções do *touchscreen* são substituídos pelo controle remoto. A maioria das *smart* TVs pode ser controlada por aplicativos e, por esse motivo, trata-se de uma área pouca explorada, mas que, nem por isso, deve ser desconsiderada.

4.2.2 Inserção de conteúdo pelo usuário

Um dos diferenciais da web é a possibilidade que os usuários têm de gerar, inserir, compartilhar e colaborar conteúdos, e não apenas visualizar e consumir informações de forma passiva, visto que há uma interação constante entre avaliação e inserção de novos conteúdos. Com o avanço das tecnologias, novas opções de inserção de dados, denominadas *inputs*, vêm se aperfeiçoando, principalmente no tocante à digitação em dispositivos *touchscreen*, ou seja, em *tablets* e *smartphones*, considerando que a instabilidade de conexão com a internet nos dispositivos móveis também vem sofrendo avanços.

Usuários acostumados com o teclado físico como ferramenta de digitação em *notebooks* ou computadores têm ou já tiveram dificuldades de adaptação para digitar textos utilizando o teclado de um dispositivo móvel, que é virtual e dispõe da tecnologia *touchscreen*. Para os nativos digitais, por sua vez, a dificuldade pode residir na utilização do teclado físico de um computador ou *notebook*, já que estão habituados com o *touchscreen* de aplicativos de trocas de mensagens e redes sociais, sendo estes os mais acessados por grande parte dos usuários.

Os recursos de digitação de *smartphones* e *tablets*, como o uso da função autocompletar, a sugestão de palavras e o ditado, que serve para transformar áudio em texto, facilitaram a inserção de dados nesses dispositivos. Além do texto, é possível inserir a localização e utilizar os recursos do áudio para gerenciar e acessar outros recursos dos *smartphones* e *tablets*. O uso de câmeras é outro instrumento importante na criação de conteúdo, pois, com ela, gravam-se vídeos, por exemplo. Todos esses elementos inserem dados ou geram *inputs* que são capazes de minimizar as dificuldades que alguns usuários podem manifestar com a digitação de informações, utilizando o teclado digital dos dispositivos móveis. Quanto a isso, certos autores apontam algumas recomendações, conforme Wroblewski (2011):

- Facilitar os meios de *input* de dados e formulários, permitindo que as pessoas contribuam e criem por meio de seus dispositivos móveis.
- As perguntas referentes aos campos de preenchimento e interação para inserção de dados devem ser claramente apresentadas em rótulos otimizados para dispositivos móveis.
- Utilizar formas de facilitação da inserção de dados em vista da dificuldade de digitação *input*, fornecendo sugestões de preenchimento, além de utilizar máscaras de digitação de dados para referências comuns, como e-mail e CPF.
- Agrupar campos de entrada de dados em conjuntos, relacionando-os por contexto de forma sequencial, como em um conjunto pequeno de perguntas para atingir certo objetivo, por exemplo se inscrever ou comprar algo. Isso caracteriza um conjunto sequencial de *inputs*.

- Aproveitar os recursos do dispositivo móvel para capturar *inputs* de novas maneiras, por meio da utilização de *input* por voz ou por geolocalização.

As mudanças constantes das tecnologias disponíveis para os dispositivos móveis exigem reflexão a respeito do layout, a fim de que o usuário consiga inserir informações de maneira fácil. Para isso, é importante utilizar as técnicas de web design responsivo, como o conceito *mobile first*, e o uso da *tag* denominada *meta viewport*, que permite aos navegadores reconhecer se o site está de acordo para visualização em dispositivos móveis.

Ainda, cabe lembrar da disponibilização de imagens de melhor qualidade, considerando as diferenças da qualidade das telas dos dispositivos; aquelas que suportam resolução mais alta podem ser beneficiadas por esse recurso. As imagens utilizadas em projetos de design digital para visualização apenas em tamanho de tela pequeno pode empregar um tipo de layout fluído; para dimensões grandes, é recomendado configurar o layout nos devidos *breakpoints* por meio das *media queries* de CSS, ou seja, usando as técnicas de web design responsivo.

Vale ressaltar, embora já tenha sido mencionado, que é fundamental ponderar sobre as diferenças de uso conforme as características de cada dispositivo, com o objetivo de adequar a experiência do usuário por meio do web design responsivo ou *back-end*. Por exemplo: a maneira pela qual se navega em um site em uma *smart* TV não é a mesma quando se utiliza um *smartphone*, um *tablet* ou um *desktop* e, por isso, o layout deve adequar-se a certos *breakpoints* que atendam a cada dispositivo.

4.3 **Aplicação dos fundamentos de design responsivo**

Antes de apresentar os fundamentos de criação e estabelecer os parâmetros de design responsivo, é imprescindível que os projetos, no caso de sites, respeitem a semântica do HTML5.

No ano de 2001, preocupados com a expansão desenfreada da internet, Tim Berners-Lee, James Hendler e Ora Lassila criaram o conceito de **web semântica**. O crescimento da internet ocasionou dispersão de boa parte da informação, e a web semântica propôs, nesse sentido, por meio de um movimento colaborativo, a organização da informação de modo legível, a fim de que as máquinas e os computadores seguissem padrões de formatação de dados, como o *Resource Description Framework* (RDF).

O conceito consiste em atribuir significado ao conteúdo disponível na internet sem a necessidade de efetuar buscas por informações de maneira isolada ou por meio de palavras-chave, mas de maneira que possibilitasse a construção de respostas mais eficientes e elaboradas por meio de diversas relações da web. Sob essa perspectiva, é comum confundir web semântica com inteligência artificial. Os resultados das respostas advêm de um sistema que faz com que o computador elabore a leitura de um bloco de informação e, assim, depois dessa leitura, atribua uma etiqueta de significado.

A partir de inferências, ou seja, por meio de dedução do resultado através da lógica, tendo como base a interpretação de outras informações contidas em outros blocos, é gerado um conhecimento maior. De acordo com Santarem Segundo e Coneglian (2015, p. 227), "o uso como tecnologia da Web

Semântica, entende-se as ontologias como: artefatos computacionais que descrevem um domínio do conhecimento de forma estruturada, através de: classes, propriedades, relações, restrições, axiomas e instâncias".

Em outras palavras, o RDF tem como principal objetivo auxiliar no desenvolvimento de metadados, com o intuito de promover uma comunicação transparente entre sistemas que compartilham dados, os quais devem ser entendidos por outros sistemas na internet. Assim, a web semântica funciona como um facilitador para manter a qualidade e a estabilidade dos servidores web, tendo em vista que os metadados traduzidos em RDF são utilizados para significar aos recursos da web semântica, permitindo que sejam compreendidos e manipulados por computadores.

É comum confundir RDF como linguagem de programação, mas, na realidade, o RDF corresponde a um modelo que pode descrever recursos, definidos em três tipos de objetos: recursos, propriedades e triplas. A linguagem XML, por sua vez, tem como objetivo principal compartilhar informações por meio da web de forma simples e legível, tanto para os programadores quanto para os computadores. A função do XML é unir bancos de dados separados, possibilitando o desenvolvimento irrestrito de *tags*. A web semântica origina-se das áreas de estudos da ciência da informação, ciência da computação e linguística e propõe recuperar, mediar e processar as informações de maneira benéfica aos usuários.

A utilização correta da semântica faz com que os navegadores e outros programas interpretem todo o conteúdo dos elementos de um aplicativo ou página web, podendo facilitar a utilização do usuário. Os campos de formulário do tipo *e-mail* do HTML5 podem, por exemplo, oferecer a @ na primeira tela do teclado virtual durante a digitação. Na prática, para que a semântica do código HTML5 funcione nos projetos de design responsivos como os de web, é importante a utilização dos conceitos *mobile first* para, por exemplo, permitir que os mecanismos de busca reconheçam que o site está preparado para os dispositivos móveis. Essa é uma informação relevante, pois impede que os dispositivos móveis visualizem uma versão de um site que não esteja preparado para esse tipo de dispositivo. Em outros termos, a versão do site para *desktop* não é apresentada quando a busca é feita a partir de um dispositivo móvel.

Sempre que possível, é fundamental equilibrar os recursos e os conteúdos dos sites, de forma que todos os elementos do layout sejam, de certa forma, adaptáveis e estejam disponíveis nas duas versões: *desktops* e dispositivos móveis. Os ajustes não podem ser automáticos, pois alguns elementos, como os de interação, precisam estar proporcionalmente maiores nas versões para as telas menores, facilitando a leitura textual e a interação. Normalmente, os usuários utilizam os *smartphones* na posição vertical e, por essa razão, os conteúdos devem estar mais verticalizados nas telas pequenas, ao passo que, nas versões para *notebooks* e *desktops*, que têm telas maiores, os conteúdos devem ser horizontalizados.

A satisfação está atrelada à interação, bem como à visualização em cada dispositivo, seja no aplicativo, seja no site. Uma alternativa é utilizar *media queries* estabelecendo *breakpoints* nos locais essenciais do layout. Questões de acessibilidade também devem ser consideradas no momento da definição dos parâmetros do design responsivo, mas é necessário um estudo ainda mais aprofundado para que a acessibilidade seja realmente eficaz. Para isso, recomenda-se consultar a *World Wide Web Consortium* (W3C), órgão responsável pelo estabelecimento de padrões para o desenvolvimento de páginas web, que impacta até mesmo a web semântica, ainda que esta disponha de diretrizes específicas de acessibilidade para dispositivos móveis.

Na aplicação dos fundamentos do design responsivo, quando realmente for necessário que o mesmo conteúdo da versão dos dispositivos seja migrado para os *desktops* de tela grande, é recomendado dividir o conteúdo, mas sem sobrecarregar todas as informações na tela inicial. Os recursos disponíveis para dispositivos móveis, como os benefícios adicionais para a navegação, podem aprimorar a experiência do usuário. A inserção de dados (*inputs*) semânticos de HTML5 é um exemplo de recurso adicional que pode ser aplicado quando se está navegando em um site a partir de um dispositivo móvel. É importante salientar que, embora, a cada dia, os recursos da tecnologia dos dispositivos móveis avancem, eles ainda não têm a mesma capacidade de processamento e de armazenamento de computadores e *notebooks* e, em razão disso, imagens e vídeos precisam ser leves para que seu carregamento seja facilitado.

Apresentamos, até aqui, diversas técnicas, fundamentos e recomendações para a aplicação de conceitos do design responsivo, mas vale ressaltar que não existe uma diretriz predeterminada. Os projetos não devem seguir uma mecânica de desenvolvimento, pois é preciso considerar a natureza de cada projeto para executar todas as adaptações necessárias e, até mesmo, adicionar técnicas complementares.

4.3.1 Design responsivo e acessibilidade

Nos projetos de design digital e principalmente naqueles em que são empregadas as técnicas de design responsivo, é importante preocupar-se com a acessibilidade. Todos os elementos do layout são responsáveis por tornar o projeto mais acessível, desde a escolha das cores até o planejamento das interações.

As cores, como um elemento essencial do design, não podem ser usadas apenas para transmitir uma informação, visto que pessoas com baixa visão e daltônicos têm pouca capacidade de distinção de cores. Dessa forma, a cor não pode ser o principal elemento de transmissão de informação, devendo ser utilizada, por isso, como um reforço para mensagens, de forma que não seja determinante. Um exemplo é a aplicação da cor vermelha nas letras de uma frase que informam erro. Também não é indicado utilizá-las para determinar um *status* ou valor de uma legenda em que se utiliza o verde para indicar que um pedido foi concluído, mas sem nenhum texto informando esse *status*.

Para que as imagens de um projeto de design digital sejam consideradas acessíveis, sobretudo nos projetos de web design responsivo, é aconselhado fazer uso de porções textuais, principalmente diante de erros de carregamento de uma imagem. Para aplicar esse recurso no HTML5, basta utilizar a codificação com atributo `alt` da *tag* do elemento, como demonstrado a seguir:

```
<img
src="https://www.uninter.com/wp-content/themes/scalia/
images/uninter/logo-uninter.png"
width="1920" height="1080"
alt="Marca da Uninter"
/>
```

No exemplo, a linha 1 indica, por meio do código `<img`, que será inserida uma imagem. Na linha 2, o `src=` refere o lugar onde a imagem está hospedada, nesse caso, o site da Uninter. A linha 3 apresenta as dimensões dessa imagem, que tem 1920 pixels de largura por 1080 de altura. A linha 4 assinala as informações do texto alternativo que será apresentado caso a imagem não seja carregada. A linha 5 informa o fechamento dessa *tag* pelo código `/>`. Além das imagens, é importante que os formulários também sejam acessíveis. Para tanto, faz-se necessário relacionar o rótulo, *tag* `label`, com o atributo `id` dos elementos `input`, ou seja, onde será inserido o agrupamento dos campos do formulário, usando os elementos `fieldset` e `legend`, facilitando, com isso, o reconhecimento do contexto dos campos de formulário.

Os títulos das páginas devem ser apropriados e não podem estar em branco ou com nomes padrão, por exemplo, `<title>Untitled Document</title>`, pois o primeiro elemento que um *software* lê é o nome que está identificado na *tag* `title`. O uso de um título inadequado pode fazer com que os usuários não tenham ideia do conteúdo que virá posteriormente, aspecto negativo em sua experiência. A seguir, mostramos um exemplo correto de identificação de um título:

```
<head>
    <title>Graduação EAD-UNINTER</title>
</head>
```

Nessa codificação, a linha de número 1 indica o início do cabeçalho de uma página por meio do código `<head>`. A linha 2 traz a identificação do título da página, mediante o código `<title>`, que é Graduação EAD – UNINTER. Na linha 3, está a indicação do fim do cabeçalho, representado pelo código `</head>`. Além do título, outra informação importante de acessibilidade é a identificação do idioma, que deve ser feita com o atributo `lang` na *tag* `html`. `Pt-br`, que corresponde ao português do Brasil, podendo ser apresentado da seguinte maneira: `<html lang="pt-br">`.

Sempre que uma página apresentar palavras em diferentes idiomas, é imprescindível a criação de uma *tag* para determinados termos daquele idioma, através do atributo `lang` para identificar o idioma, pois qualquer elemento HTML aceita a *tag* `lang`. Na prática, em projetos de design responsivo, a acessibilidade ocorre quando o usuário utiliza um sintetizador de um *software* de leitura de página e a pronúncia é configurada no idioma adequado. A aplicação da *tag* `lang` facilita o entendimento do usuário que está ouvindo a pronúncia e é muito útil para promover a acessibilidade de pessoas cegas, por exemplo.

Nos projetos web responsivos, os desenvolvedores têm de se preocupar também com a função de aberturas de novas janelas, pois esse pode ser um fator negativo durante a navegação. Em *notebooks* e computadores, esse recurso já é um tanto confuso, e pode tornar-se ainda mais complicado em um dispositivo móvel. De início, é importante sempre informar ao usuário que será aberta uma nova página, quando se tratar de *link* externo, assim, evitam-se confusões na navegação e possíveis dificuldades de identificação para o retorno à página anterior.

Algumas soluções simples, como a utilização de um ícone com o atributo `alt` preenchido ou um simples texto indicando que uma nova janela será aberta, podem colaborar para que o usuário não fique confuso durante uma navegação. A seguir, apresentamos um exemplo da aplicação desse código em uma página.

```
<body>
<a href="https://www.uninter.com/graduacao-ead/"
target="_blank">
Graduação Uninter </a>
</body>
```

Nesse código, a linha de número 1, pelo código `<body>`, indica o início do corpo de uma página em HTML5. A linha de número 2 informa o destino de redirecionamento ao clicar no botão, que, no caso, é para a página https://www.uninter.com/graduacao-ead. A linha de número 3 mostra que a página será aberta em uma nova janela, por meio do código `target`, que indica o destino no qual será aberto o *link*, tem-se, ainda, o código `_blank`, que informa a abertura de uma nova janela. Na linha de número 4 está o texto do *link*: Graduação Uninter. O código `</body>`, da linha 5, informa o encerramento do corpo da página através da linguagem de programação web HTML5.

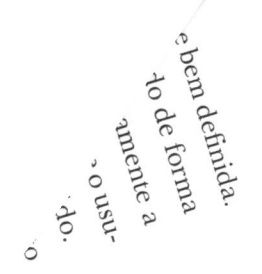

projetos de design responsivo nificado ao conteúdo de uma ilhos para navegar nas seções r meio de códigos inseridos romovem maior acessibili- acessada por comando de tecla T; o uso da tecla F para ...nos também podem ser aplicados no ca- ...nfigurando a tecla H para exercer essa função e permitindo o direcionamento para pontos importantes da interface de um site ou aplicativo. Percebemos, assim, que o uso correto da semântica é fundamental na promoção da acessibilidade.

Landmarks, que marcam as áreas principais do site com o atributo `role`, permitem criar marcos ou fazer balizamento. Esse é outro recurso que deve ser considerado em projetos responsivos. É fundamental, ainda, que as tabelas sejam simplificadas, pois a leitura extensa pode ser uma tarefa difícil, principalmente para usuários que contam com projetos acessíveis. Para evitar erros, recomenda-se utilizar a validação da marcação HTML, submetendo o código HTML na W3C, pelo site http://validator.w3.org/. Nele podem ser identificados pequenos erros com suscetibilidade de comprometer a acessibilidade de um projeto. Outros cuidados são apontados por Kulpa, Teixeira e Silva (2010):

- Conteúdo da página com o mínimo possível de informações. Muita informação em uma mesma página confunde o usuário e acarreta demora na busca de informações.

- Conteúdo da interface em coluna organizada. Recomenda-se evitar a apresentação de conte "solta" na página, pois é importante definir gra área de cada seção, visto que esse processo impede ário se sinta inseguro e auxilia na assimilação do con
- Indicação do menu principal de forma destacada e com contraste, o que agiliza a busca de informações, facilitando a opção de navegação ao usuário apenas a partir do menu principal.
- Ampliação da tela sem a diminuição da qualidade. Deve-se prever a ampliação da tela pelos usuários de baixa visão, oferecendo adequação das imagens e evitando que os textos ampliados necessitem de barra horizontal para a leitura.
- Interface sem imagens em movimento, visto que as imagens com movimento atrapalham a leitura e cansam a visão de usuários de baixa visão.
- Maior espaço entre as letras. Deve-se evitar que as letras fiquem muito juntas, transformando-se em blocos compactos quando ampliadas.
- Alto contraste entre o fundo e o texto, elemento indispensável para uma melhor leitura.
- Poucas cores em uma mesma página, pois o uso de muitas cores na interface pode dificultar a assimilação do conteúdo, bem como ser um empecilho para a adaptação visual de usuários de baixa visão.

Os materiais da W3C oferecerem diretrizes de acessibilidade detalhadas para a criação de websites e estão disponíveis nos seguintes *links*:

- https://www.w3.org/WAI/standards-guidelines/wcag/
- https://www.w3.org/TR/UAAG20/
- https://www.w3.org/TR/ATAG20/

4.4 Design responsivo para comércio eletrônico

O acesso à internet faculta maior alcance a informações referentes aos produtos ou serviços comprados, além de possibilitar a comparação de preços e de produtos em sites e plataformas específicas para esse tipo de serviço. Um site de comércio eletrônico é caracterizado como um aplicativo de venda e compra, com uma estrutura em que há um sistema de gerenciamento de estoque, perfil, expedição, relatórios e pedidos.

O sistema de gerenciamento de estoque armazena informações sobre os serviços e produtos que estão disponíveis para venda. O registro das informações e atualizações de clientes está relacionado ao sistema de gerenciamento de perfil.

Ainda, a estrutura de um site ou aplicativo de comércio eletrônico geralmente fornece e organiza as informações relacionadas aos serviços executados ou produtos enviados, como dados de endereço para postagem, situação dos pedidos e atualização do *status*. A atualização é alterada conforme são empregadas ações em determinado pedido. Essa é a função do sistema de gerenciamento de expedição. É igualmente necessário obter relatórios gerenciais que orientem as tomadas de decisão e, por esse motivo, recomenda-se abrir um sistema de relatórios.

Além disso, o sistema de gerenciamento de pedido deve estar ligado ao gerenciamento de estoque, pois utiliza os dados para gerar a lista de produtos disponíveis para venda. A interface do sistema de gerenciamento de perfil deve permitir a fácil atualização dos visitantes da loja virtual, bem como transmitir segurança, pois é necessário inserir informações de pagamento e uma verificação das entidades dos cartões de crédito, por exemplo, para homologar a transação.

Tendo em vista que sites e aplicativos são acessados por dispositivos móveis, como *smartphones* e *tablets*, é preciso realizar um bom planejamento que integre todos os sistemas participantes do comércio eletrônico, conhecido como *loja virtual*. Dessa maneira, alguns estudiosos dividem o comércio eletrônico em algumas partes: comunicação, representação e apresentação, linguagem, armazenagem e recuperação, conforme sugerido por Chu et al. (2007, tradução e grifo nosso):

> A **comunicação** é o canal de troca de informações com o usuário, a fim de obter informações da loja e comprar os produtos. A **representação e apresentação**, que diz respeito à organização da estrutura visual e à navegação de todo o conteúdo do site, convencem o cliente a comprar um produto. A **linguagem**, que correspondem aos os códigos computacionais utilizados, é a responsável por formar o *front-end* e o *back-end*. A **armazenagem e recuperação**, que envolve a estrutura de dados que armazena as informações da loja virtual, alimentam o conteúdo, registram as transações, entre outras ações de caráter administrativo, tais dados podem ser requisitados através do sistema web.

O design responsivo para comércio eletrônico deve considerar que a navegação dos clientes em uma loja virtual se inicia, em regra, pelo interesse por um produto ou serviço encontrado por meio de buscas ou por uma relação de produtos vista em páginas de catálogo. Manifestado o interesse, o visitante clica, caso esteja usando *notebook* ou computador, ou toca, caso o acesso ocorra por meio de dispositivos móveis. A ação de clicar ou tocar em um produto exibe sua descrição ou sua imagem. Assim, o usuário é direcionado à página de detalhamento do produto ou serviço na qual está discriminada informações adicionais.

Nessa página, geralmente são exibidas outras imagens além da descrição. Meios adicionais também são usados para melhorar o argumento de vendas, como descrições técnicas, opinião de consumidores sobre o produto ou serviço, vídeos ou, ainda, a indicação, no final da oferta, de produtos similares ou que complementam a compra daquele produto.

As lojas virtuais sempre apresentam o recurso de carrinho de compras. De acordo Krug (2014, p. 28), "quase todos os sites de venda usam a metáfora do carrinho de compras e formas muito similares de especificar pontos, como forma de pagamento, endereço para entrega e por aí vai". Essa página tem como principal função separar serviços e/ou produtos que estão sendo comprados, fazendo um cálculo prévio do total da compra, a fim de que, posteriormente, o visitante da loja virtual, e agora potencial comprador, seja direcionado para fase final da compra.

Na finalização das compras, são efetuados certos procedimentos para que ela seja concluída. Esse processo denomina-se *checkout*. É também no *checkout* que são definidos serviço de entrega, opção por embalagem de presente, escolha da forma de pagamento, solicitação da autorização de pagamento com entidades financeiras responsáveis, como o cartão de crédito. Portanto, cabe ao design responsivo dispor todas as funcionalidades tradicionais das lojas virtuais, como a lista de desejos, pois o desenvolvimento de um projeto de website responsivo para uma loja virtual eficaz é uma tarefa que envolve diversos conceitos. Além da compatibilidade, há várias outras razões, algumas delas já mencionadas ao longo deste capítulo, que fazem com que a criação de um site responsivo seja imprescindível atualmente.

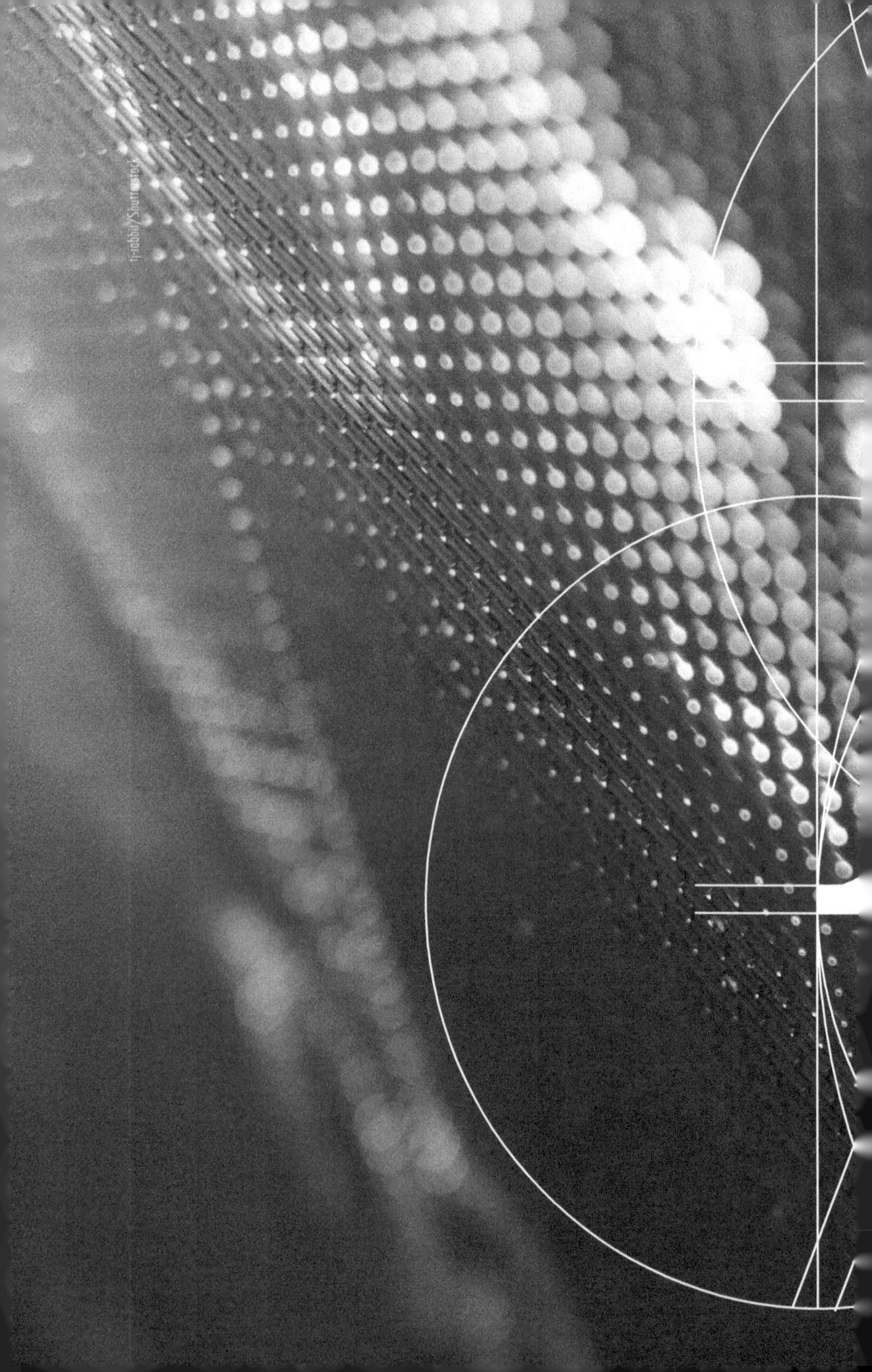
fj-robbit/Shutterstock

CAPÍTULO 5

INTERFACE DE USUÁRIO

A transmissão de informações com o uso das tecnologias da informação e comunicação (TICs) exige um mecanismo que execute a intermediação dos dados para que as pessoas possam se comunicar com essas informações. Essa interlocução é realizada pelas interfaces. O termo *interface* tem diversos significados, abrangendo as antigas e as novas tecnologias.

As pessoas que utilizam *tablets*, *smartphones*, *notebooks* e computadores pessoais comunicam-se com esses dispositivos por intermédio das **interfaces gráficas de usuário** (GUI, do inglês *graphical user interface*, sigla empregada na área). A interface interpreta a linguagem computacional expressa em códigos e apresenta para o usuário uma linguagem visual, que permite que ele entenda e manuseie os dispositivos, ou seja, é a interface que executa a interconexão entre o usuário e a tecnologia. Kerckhove (1993, p. 59) conceitua *interfaces* como:

> Uma metáfora tecnológica dos sentidos, uma vez que a máquina dotada pela capacidade de pensar por meio de processamentos baseados em manipulação de informações binárias podia, agora, expressar seu pensamento através representações as quais o homem pode decodificar, estabelecendo um diálogo.

A interface pode ser considerada como a parte mais importante na interação homem-computador, pelo fato de representar o sistema. Em sua concepção, ela deve objetivar a melhoria da qualidade de uso do sistema, apresentando uma maneira que ajude os usuários a executar as tarefas para as quais o sistema foi projetado. O avanço das técnicas de desenvolvimento de interfaces proporciona novas formas de o ser humano se comunicar com os dispositivos e, assim, também com outras pessoas.

Os aplicativos disponíveis nos dispositivos móveis como *smartphones* e *tablets* são grandes exemplos dessas novas formas de comunicação entre homem e dispositivo. Os usuários passam horas se comunicando por meio dos aplicativos de redes sociais e trocas de mensagens, sendo eles um dos principais meios de comunicação para o uso pessoal, comercial, empresarial etc.

O aumento do número de computadores pessoais e a popularização da internet exigiram a elaboração de novas formas de comunicação, com vistas a facilitar a interação tanto com os computadores quanto com seus sistemas operacionais, bem como com os diversos *softwares* e aplicativos que podem ser instalados e os jogos executados nos computadores e em dispositivos como *smartphones* e *tablets*.

5.1 A evolução da interface

O surgimento dos computadores Macintosh da Apple definiu um grande marco para as interfaces, principalmente pelo fato de tornar a operação com essa máquina mais amigável, introduzindo ícones, menus e barras de rolagem. Entretanto, logicamente, interfaces não correspondem somente a componentes visuais. Uma das maneiras de estabelecer o histórico e a evolução das interfaces é comparar com a evolução dos *desktops*, cotejando os componentes de *hardware* que cada tipo ou configuração de computador suporta.

Nielsen (1994) desenvolveu um quadro no qual relaciona e qualifica a categoria de usuários de computadores em cada geração, objetivando absoluta relevância para o desenvolvimento de interfaces.

Quadro 5.1 – **Geração de computadores e de interfaces de usuários**

Geração	Tecnologia de hardware	Modo de operação	Tipo de usuários	Paradigma de interface de usuário-
1945 Pré-histórica	Mecânica e eletromecânica.	Usado somente para cálculos	Os próprios inventores	Nenhum
1945-1955 Pioneira	Válvulas, máquinas enormes e com alta ocorrência de falha.	Um usuário por vez utiliza a máquina por tempo limitado	Especialistas e pioneiros	Programação, *batch*
1955-1965 Histórica	Transistores mais confiáveis. Computadores começam a ser usados fora de laboratórios.	*Batch* (computador central não acessado diretamente)	Tecnocratas, profissionais de computação	Linguagens de comando
1965-1980 Tradicional	Circuito integrado. A relação custo-benefício justifica a compra de computadores para muitas necessidades.	*Time-sharing*	Grupos especializados sem conhecimento computacional (caixas automáticos)	Menus hierárquicos e preenchimento de formulários
1980-1995 Moderna	VLSI. Pessoas podem comprar seu computador.	Computador pessoal para um único usuário	Profissionais de todo o tipo e curiosos	WIMP (*Window, Icons, Menus* e *Point devices*)
1995- Futura	Integração de alta escala. Pessoas podem comprar diversos computadores.	Usuários conectados em rede e sistemas embutidos	Todas as pessoas	Interfaces não baseadas em comando

Fonte: Nielsen, 1994, p. 50, tradução nossa.

Para desenvolver uma interface que seja de fácil compreensão, é necessário observar como o ser humano se comunica. Alguns estudos que auxiliam nesse processo de observação são desenvolvidos pela área da linguística, que, entre outras pesquisas, também se debruça sobre o modo de dialogar. Por exemplo, quando uma pessoa faz uma pergunta a alguém, seu interlocutor primeiro pensa sobre o assunto, analisa as possibilidades de respostas e depois emite um juízo particular. Portanto, para que uma conversa seja estabelecida, é necessário haver um diálogo que faça sentido e tenha significado no mundo social.

As interfaces procuram instituir esse diálogo por meio da disposição de elementos na tela, de modo que esses objetos façam sentido dentro de um todo. De acordo com Laurel (1993), esse conceito oferece suporte à ideia de que uma interface é um contexto compartilhado de ação, no qual tanto o computador quanto o ser humano são agentes. Voltando à analogia do diálogo, as mensagens de erros, que representam alguma comunicação incorreta na interface de um sistema, correspondem ao momento em que, na conversa, uma pessoa não consegue compreender a outra.

As interfaces, hoje, integram um grande processo de evolução e estão se aproximando de um ponto de autonomia quase total, sobretudo no que se diz respeito à interação entre os usuários. Alguns de seus elementos já são utilizados por milhares de pessoas, como os recursos de comandados por voz, inteligência artificial e sensores de movimentos. Interfaces com comando de voz, por exemplo, já premeia o cotidiano, visto que qualquer pessoa que tem um *smartphone*, com o sistema operacional

Android, pode ativar comandos de voz fazendo uma pergunta e, em seguida, pronunciar o comando "Ok Google", caso seja no sistema operacional iOS, basta usar a ferramenta "Siri".

Dessa forma, os profissionais que trabalham com desenvolvimento de interfaces devem ser multidisciplinares e aplicar projetos com diferentes profissionais de outras áreas do conhecimento, com o objetivo de viabilizar uma comunicação e uma interação eficiente, em diálogo com o ambiente material.

5.2 Design de interface

As interfaces já existem há bastante tempo e permitem que o homem interaja com esse mundo. No contexto do design digital, o uso de guias pode facilitar a atividade projetual, na qual se busca resolver um problema, resultando no desenvolvimento de uma interface. A interface digital, de certa forma, pode ser considerada como a união da arte com a tecnologia, em que, por meio de formas, cores, linhas, ângulos e outros elementos da composição de um layout, obtém-se um resultado facilitador da comunicação entre o homem e a máquina. No desenvolvimento de uma interface, é possível criar parâmetros de uso do projeto digital, fazendo com que os recursos estéticos direcionem o usuário para o caminho esperado, de forma que realize as ações previstas. Contudo, para tanto, é preciso lidar com conceitos de design de informação e de interação.

O **design de informação** relaciona-se com a forma de organizar o conteúdo e com o *back-end*, ou seja, o sistema de arquitetura que sustenta todas as interações acessadas pelos usuários. Nessa etapa, portanto, definem-se as informações que estarão disponíveis.

Quanto ao **design de interação**, a relação mantida entre sistema e usuário é fundamental, por isso, os sistemas têm de ser convidativos, chamando os usuários para a interação. Tais aspectos de usabilidade promovem de maneira mais eficiente uma interação entre a máquina e o homem.

Grosso modo, o **design de interface** corresponde a uma atividade planejada que propõe diferentes formas possíveis de ressignificação e de interação, prevendo a qualidade do sistema e a melhor comunicação entre os usuários que estão utilizando esse sistema. Assim, todos os aspectos que envolvem a interação devem ser planejados cuidadosamente em uma interface, desde os diversos formatos de telas, a composição visual, os botões, os menus e até as barras de rolagens que podem existir em projetos que tenham grande conteúdo textual, como os de desenvolvimento de sites. Cabe ressaltar a importância de oferecer alternativas eficazes e de qualidade a fim de que os usuários dos sistemas possam alcançar suas expectativas. Um aplicativo de banco, por exemplo, deve oferecer uma interface que permita que o cliente realize uma transferência de maneira eficiente. Assim, a interface cumpriria seu papel de propor soluções para melhorar a experiência dos usuários quando eles fazem uso de tecnologias digitais, seja acessando o sistema de empresas, bancos, órgãos públicos etc., seja oferecendo algum tipo de entretenimento, como em jogos, redes sociais, aplicativos de trocas de mensagens etc.

Embora um dos conceitos da interface esteja sempre aliado à tecnologia e à promoção da interação entre a máquina e o homem, o sistema e seu usuário, o foco principal deve recair nos usuários que fazem uso desses sistemas por meio da interface. Aspectos relacionados à robustez de uma máquina ou à *performance* de um sistema estão em uma camada abaixo da interface. Certamente, computadores e sistemas eficientes são necessários, mas o que importa para o usuário é que ele consiga realizar a tarefa que espera. O objetivo da interface é apresentar para os usuários um sistema que seja adequado às suas necessidades. Para criar uma interface de fácil compreensão é preciso que, nos projetos de design digital, considere-se não apenas os direcionados para o público geral, mas também para públicos específicos.

Os *softwares*, responsáveis por executar determinadas tarefas, normalmente, são utilizados por profissionais da área específica para a qual foi projetado. Dessa forma, em muitos casos, a interface pode estar direcionada a um público especialista. Contudo, é possível observar que muitos *softwares* não apresentam atualização de suas interfaces, sendo comum, por exemplo, o uso do ícone de um disquete para indicar o salvamento de um arquivo, representação dificilmente assimilada pelos nativos digitais, por exemplo.

O design de interfaces utiliza vários tipos de signos, como índices, símbolos e ícones, que, de acordo com Peirce (1990, p. 74), podem ser compreendidos da seguinte maneira:

Um signo é um ícone, um índice ou um símbolo. Um ícone é um signo que possuiria o caráter que o torna significante, mesmo que seu objeto não existisse, tal como um risco feito a lápis representando uma linha geométrica. Um índice é um signo que de repente perderia seu caráter que o torna um signo se seu objeto fosse removido, mas que não perderia esse caráter se não houvesse interpretante. Tal é, por exemplo, o caso de um molde com um buraco de bala como signo de um tiro, pois sem o tiro não teria havido buraco; porém, nele existe um buraco, quer tenha alguém ou não a capacidade de atribuí-lo a um tiro. Um símbolo é um signo que perderia o caráter que o torna um signo se não houvesse um interpretante. Tal é o caso de qualquer elocução de discurso que significa aquilo que significa apenas por força de compreender-se que possui essa significação.

Os profissionais criativos que trabalham com design digital precisam relacionar e entender esses signos, pois, de certa forma, eles agregam, às faculdades cognitivas, algum tipo de juízo. A cognição refere-se a diversos fatores, como percepção, linguagem, pensamento, raciocínio, memória etc., que pertencem ao desenvolvimento intelectual. Ela também tem ligação com a análise de processos mentais que influenciam o comportamento de cada pessoa e seu desenvolvimento intelectual.

É importante que uma interface agregue os usuários não de maneira superficial, mas profunda, para que tenham total conhecimento da informação obtida, influenciando, assim, a melhora da experiência. Na prática, as interfaces dos projetos de design digital precisam facilitar a compreensão do público-alvo, e elementos como ícones, índices e símbolos ajudam na compreensão.

Sobre os símbolos, especificamente, o Quadro 5.2 apresenta as características de acordo com a classificação de Peirce (1990).

Quadro 5.2 – **Classificação das categorias dos signos e suas características**

Categoria	Característica
Ícone	É uma representação visual que ocorre por semelhança.
Índice	É uma representação que ocorre por contiguidade, ou seja, por uma relação de contato, rastro ou efeito.
Símbolo	É uma representação que ocorre por convenção, ou seja, define um significado a um ser ou objeto real.

Fonte: Elaborado com base em Peirce, 1990.

Um **ícone**, por exemplo, é um desenho no qual uma criança descreve todos os seus familiares, pois se trata de uma representação real das pessoas que existem naquele local. Outro exemplo seria este: ao andar por uma praça, você sente o cheiro de terra molhada e, rapidamente, chega à conclusão de que choveu, mesmo que, no momento da chuva, você estivesse em um ambiente fechado e não tenha presenciado o fenômeno.

Quanto ao **símbolo**, pense na palavra "professor". O que vem à sua mente? Você pode pensar em termos como *conhecimento*, *provas*, *atividades*, *notas* ou *admiração*, pois o preenchimento dessa palavra depende da convenção social e de seu contexto de convívio.

O grande desafio imposto ao design de interface é empregar esses conceitos em um contexto criativo. Para tanto, deve-se experimentar muito e analisar todas as opções desenvolvidas para projetos, certificando-se a respeito da sensação e da experiência usufruída pelas pessoas. Desse modo, é importante executar testes, ter cuidado com a escolha das cores, dos símbolos e dos ícones de todos os elementos de uma peça digital.

A aplicação de signos, de forma criativa, garante que as interfaces não apenas sejam concretizadas, mas tenham significado. Os estudantes e profissionais principiantes devem adquirir repertório cultural para oferecer maior significado às interfaces desenvolvidas. Não se trata apenas de criar interfaces do usuário com uma estética bem apurada, com um design tecnicamente correto ou um texto impactante, é preciso buscar conceitos mais elaborados, que só o estudo da semiótica e da utilização de signos pode proporcionar.

Assim, é necessário conhecer o público que utiliza a interface e sempre focar na experiência do ser humano, e não apenas na eficácia do sistema. Além da equipe de arquitetura da informação, é importante que o profissional de design digital tenha participação nos projetos de desenvolvimento de um *software*, considerando que, para esse tipo de projeto, soluções e diretrizes genéricas podem não ser eficazes em algumas situações.

A interação de um projeto de ensino a distância (EAD), *games*, websites, aplicativos e projetos que simulam imersões em ambientes como passeios virtuais, apresenta características particulares e objetivos que diferem totalmente das tarefas que são executadas em um *software*, por exemplo. Dessa forma, os designers digitais, quando forem desenvolver projetos de interfaces para *softwares*, precisam sair de sua área de conforto e estabelecer novos conhecimentos com o objetivo de criar soluções que atendam às expectativas específicas de determinado público.

No design de interface, é necessário refletir a respeito do design do próprio sistema, pois ele corresponde à sua representação. Esse pensamento facilita a construção do modelo conceitual de um projeto. Essa etapa engloba a identificação do perfil dos usuários, as tarefas que o sistema disponibilizará e a maneira pela qual essas tarefas serão executadas pelos usuários.

Todos esses apontamentos têm de ser aplicados conforme a característica do *software* e a experiência dos usuários. Por exemplo, para um *software* de desenho técnico, os profissionais estão acostumados a utilizar régua, compasso, transferidor, entre outros materiais. Entretanto, no planejamento da interface, é preciso ponderar como esses profissionais desenharão um ângulo com o auxílio do *mouse*, por exemplo. Por fim, todas essas características devem ser incorporadas no *software*.

5.2.1 **Modelos conceituais**

O modelo conceitual deve ser a base não apenas para o desenvolvimento da interface, mas também para a concepção projetual do sistema, fundamentando quais serão as decisões tomadas e articulando estratégias em favor da concepção de um sistema. Para criar um modelo conceitual, é necessário estruturar, descrever e restringir o que for necessário na comunicação e na interação entre o homem e o sistema.

Nesse primeiro momento, é realizado um levantamento de ideias e fundamentos, ou seja, de conceitos. Depois, elaboram-se esboços, anotações, croquis e, se possível, protótipos de baixa fidelidade, ou pelo menos diagramas que demonstrem a representação do sistema e seu funcionamento. Segundo Preece, Rogers e Sharp (2005), o modelo conceitual consiste em uma "descrição do sistema proposto – em termos de um conjunto de ideias e conceitos integrados a respeito do que ele deve fazer, de como deve se comportar e com o que deve parecer – que seja compreendida pelos usuários da forma pretendida".

A base da elaboração de um sistema conceitual concentra-se nas necessidades dos usuários e em como o sistema supre essas faltas. A partir disso, o desenvolvedor cria um modelo mental que, de certa forma, é complexo, pois deve projetar uma visão de como será a interação do homem com o sistema, considerando o ponto de vista do usuário. Essa etapa é a mais complexa de todo o processo, pois o desenvolvedor não domina a mente dos usuários para saber de que maneira ela funciona. Dessa forma, é preciso acumular subsídios de pesquisas e, sempre que possível, é indicado que, nessa fase, os profissionais da área que utilizarão a interface sejam integrados à equipe. Tal argumento pode ser exemplificado na criação de projetos de interface bem específicos, como os *softwares*.

Sempre que possível, é importante que o modelo conceitual seja bem fundamentado; que não apenas observe a interação dos usuários com os dispositivos e sistemas, mas também elabore testes com questionário a fim de identificar necessidades, requisitos e expectativas. Há testes de comparação que ajudam a executar essa análise. Um deles é conhecido como *Testes A/B*, executados com controle em que posteriormente se analisam as experiências dos usuários nas duas variantes, com o intuito de melhorar a porcentagem de satisfação, ou seja, a aprovação. Dessa forma, os elementos também podem ter variações, sendo possível identificar qual o tipo de variação obteve mais resultados positivos.

Em projetos de design digital, os testes A/B têm bastante aplicações no desenvolvimento de aplicativos, sites, *e-commerce*, *softwares*, entre outros, pois mostram qual alteração executada obteve mais resultados negativos ou positivos. Na prática, o teste de A/B pode ser aplicado, por exemplo, com duas versões similares de interface, variando os elementos que são direcionados para atrair o interesse dos usuários, podendo a versão A servir de controle, ou seja, pode corresponder ao aplicativo ou site atual, sem alterações, e a versão B, por sua vez, apresentaria as inovações pretendidas. Também há outros tipos de testes, como os multivariados e de balde, que são, de certa forma, similares ao teste A/B, mas o método aplicado é o de análise de mais duas versões distintas ao mesmo tempo.

Os testes podem ajudar a desenvolver o modelo conceitual, auxiliando no entendimento da lógica e de todos os elementos que compõem uma interface, construindo relações com o contexto e contribuindo para a leitura e a interpretação que os usuários fazem de uma interface. Sobre isso, Rocha e Baranauskas (2003, p. 98) apontam que "o designer deve assegurar que a imagem do sistema seja consistente com seu modelo conceitual, uma vez que é através da imagem do sistema que o usuário forma seu modelo mental. Idealmente, ambos Modelo do Designer e Modelo do Usuário deveriam coincidir".

Nos projetos de interface do usuário, o modelo conceitual tem a função de ser um norteador, pois permite prever quais são os efeitos das ações executadas pelos usuários, dando subsídios para que o desenvolvimento de interfaces aponte em direção a uma compreensão facilitada. Assim, os sistemas desenvolvidos com base em modelos conceituais são, de certa forma, guias de verificação da usabilidade, além de funcionar como *feedbacks* do sistema em relação às solicitações dos usuários. Por isso, seu objetivo é minimizar possíveis erros que, consequentemente, interferem no desempenho do sistema e na compreensão da interface.

5.2.2 Metáforas de interface

Normalmente, as metáforas empregadas no cotidiano passam por nós despercebidas, pois já fazem parte do nosso conhecimento de mundo. Elas não aparecem somente na poesia ou na literatura, são parte integrante de nosso pensamento e de nossa linguagem. As metáforas funcionam de modo similar nas interfaces: quando um usuário move um arquivo ou documento de uma pasta (diretório) para outro local em um sistema operacional como o Windows ou iOS, este entende que realmente está trocando esse arquivo ou documento de lugar. Trata-se de um exemplo bem prático de uma metáfora. Outro exemplo disso são os recursos de recortar ou colar dos editores de textos, pois, quando se utiliza tal recurso, um texto ou objeto fica armazenado no *buffer*, mas os usuários, principalmente os que ainda são iniciantes, entendem que, de fato, o arquivo sumiu.

Para ser realmente compreensível, uma interface tem de levar em consideração seu usuário, ou seja, deve buscar acordar os conhecimentos dessa pessoa a fim de que a interação seja "natural". No desenvolvimento de uma interface, os designers precisam ponderar não somente as questões visuais, como tipos de fontes mais legíveis, barras de rolagem funcionais, harmonia das cores, som e voz, mas também como o usuário utiliza todos esses recursos, para que, assim, possa melhorar e facilitar o uso do sistema.

5.3 Formatação da interface

Os elementos que compõem um projeto de design digital, como o de uma página da web, são divididos e distribuídos em cada parte de uma interface gráfica: menu de navegação, cabeçalho, o próprio conteúdo da página e rodapé. Todos esses elementos podem ser formatados de acordo com as características de suas funções na página.

No HTML5, foram desenvolvidas, para cada divisão, diversas *tags* com o objetivo de organizar e padronizar o desenvolvimento de uma página, além de informar aos navegadores quais são os conteúdos inseridos em cada *tag* para apresentar a visualização da página sem erros. O cabeçalho no HTML5 permite a inserção do elemento `<header>`, que contém o título da página e outros elementos como menu de navegação, campo de buscas, logo etc. Um dos recursos muito utilizado pelos designers digitais é a ação de adicionar a marca da empresa no elemento `<header>`. Quando visualizado nos navegadores do lado do título da página, esse recurso facilita a manutenção da identidade visual da empresa em sua página na web.

A formatação da interface deve ser uma preocupação constante em todos os projetos, principalmente quando se está construindo uma página com grande quantidade de conteúdo, pois pode haver a necessidade de incluir um menu fora do cabeçalho. Nesse caso, é indicado utilizar o elemento `<nav>`, que permite agrupar uma lista de *links* para outras partes do site e organizar em blocos os elementos que podem estar em diferentes partes do layout, como no próprio cabeçalho ou no rodapé. Esse elemento representa uma seção de uma página que aponta para outras páginas ou, ainda, para outras áreas da mesma página, ou seja, corresponde a uma seção com *links* de navegação. Para sites com grande quantidade de conteúdo, recomenda-se utilizar a *tag* `<section>`.

A inserção do elemento `<footer>` também facilita a formatação. Ele representa o rodapé de um documento ou de uma seção específica dentro deste, que pode conter informações relacionadas ao autor, aos direitos autorais, ao *copyright*, aos blocos de navegação ou a *links*[1].

Para incrementar a interface de um aplicativo ou de uma página, é possível aplicar efeitos visuais que transmitam um aspecto agradável e sejam harmônicos com a identidade do projeto, que inclui elementos como imagens, fotografias, textos e tipografias. Entretanto, o abuso de efeitos visuais pode acarretar uma

---

[1] Vale ressaltar que os elementos mencionados são somente alguns exemplos de formatação da interface com o HTML5 e o CSS3, mas, ao se deparar com grandes projetos, é necessário ter na equipe um profissional que seja da área de programação.

interface cansativa e confusa; o indicado é não utilizar efeitos em excesso.

Existem inúmeras possibilidades de formatação de efeitos visuais, e um deles é o `marquee`. Ele permite inserir uma área de rolagem de texto que pode percorrer uma página da esquerda para direita ou em sentido contrário. Há vários atributos extras para a personalização desse efeito como `behavior`, `bgcolor`, `direction`, `height`, `hspace`, `loop`, `scrollamount`, `scrolldelay`, `truespeed`, `vspace` e `width`.

O atributo `behavior` indica como o texto é rolado dentro da área e apresenta outros valores como `scroll` (rolar), `slide` (deslizar) e `alternate` (alternar). Se nenhum valor for definido, o padrão é o `scroll`. Para determinar a cor do plano de fundo, o atributo é o `bgcolor` mais o nome da cor, por exemplo, *red*, *blue*, *green*, ou de um valor hexadecimal. O atributo `direction` informa a direção da rolagem do texto, a qual pode ser personalizado com os valores `right` (direito), `left` (esquerdo) e `up & down` (cima e baixo). O padrão para esse atributo é o `left` (esquerdo). Vejamos dois exemplos da aplicação dessa formatação:

```
<marquee>Este texto irá "rolar" da direita para esquerda</marquee>
<marquee direction="up">Este texto vai rolar de baixo para cima. </marquee>
```

Para informar a altura do letreiro na unidade de medida em *pixel* ou um valor percentual, o atributo é o `height`. Caso se queira aplicar uma margem horizontal, é utilizado o atributo `hspace`. O atributo `vspace` aplica uma margem vertical em *pixel* ou em valor percentual. O atributo `width` define a largura em *pixels* ou em um valor percentual. O atributo `loop` estabelece o número de repetições do letreiro, e o padrão é 1, indicando que a repetição será infinita. `Scrollamount` é o atributo no qual é definido, em *pixels*, o tamanho de rolagem em cada intervalo, sendo seu valor padrão o 6. Para definir o intervalo de tempo entre a rolagem em milissegundos, o atributo que deve ser utilizado é o `scrolldelay`, considerando que seu valor padrão é 85 e o valor mínimo é 60. Dessa forma, qualquer valor menor que 60 será ignorado e o valor 60 será usado, pois, utilizando um tempo menor, a rolagem será muito rápida, não sendo possível visualizar a olho nu. Para especificar valores menores que 60, deve-se utilizar o atributo `truespeed`.

Agora que você já conhece algumas formatações de efeitos visuais, é interessante testar seu aprendizado: abra um bloco de notas e insira as *tags* principais de HTLM. Insira um texto e aplique o efeito visual de sua escolha, mas não se esqueça de salvar o arquivo na extensão .html e, depois, de abrir em um navegador.

5.3.1 **Formatação de cores e tipografia**

Um dos elementos importantes no design de interface do usuário é a cor. Em projetos web, para inserir imagens no HTML, a *tag* utilizada é `img` seguida de `src`, *source* em inglês, que significa "a origem", ou seja, o caminho da pasta (diretório) onde está salvo o arquivo. Também é possível utilizar a *tag* `url`, caso essa figura já esteja hospedada na internet. Para uma imagem, é possível inserir o atributo `alt`, de *alternate text*, a fim de exibir um texto alternativo quando, por algum motivo, a imagem não for carregada. Esse atributo otimiza a busca dessa imagem nos sites de pesquisas. As *tags* `width` (largura) e `height` (altura) definem as dimensões da imagem em *pixels* (*px*). Cabe lembrar que não é indicado aumentar uma imagem tendo em vista a possibilidade de perder a qualidade. Vejamos o seguinte exemplo: `<img src="logo.jpg" alt="logo da empresa" width=60 height=40>`. Esse código representa uma imagem na extensão .jpg, salva com o nome de logo, com texto alternativo do logo da empresa, no tamanho 60 *px* de largura por 40 *px* de altura.

Ainda, é possível inserir uma imagem como *background* (fundo) de uma página ou tabela. Utilizando a *tag* `background-image`, a figura aparecerá no fundo de acordo com as dimensões da imagem. É possível também que esse fundo se repita, adicionando a *tag* `background-repeat`, com a qual se acrescentam outros atributos, como o `repeat-x`, para repetir verticalmente, e o `repeat-y`, para repetir horizontalmente. Há a possibilidade de definir se a imagem permanecerá fixa (`fixed`) ou se rolará (`scroll`), conforme a movimentação da barra rolagem, por meio da *tag* `background-attachment` com os valores `fixed` e `scroll`. A posição do plano de fundo também pode ser definida pela *tag* `background-position`. No Quadro 5.3, a seguir, estão relacionados os atribuídos que podem ser inseridos nessa *tag*.

Quadro 5.3 – **Atributos de *tags* de *background* com suas variações**

Tag	Função	Atributo
Background	Configura as propriedades do plano de fundo.	Background-color, background-image, background-repeat, background-attachment, background-position
Background-attachment	Especifica se uma imagem de plano de fundo será fixa ou rolará na página.	Scroll, fixed
Background-color	Configura a cor do plano de fundo de um elemento.	Color-rgb, color-hex, color-name, transparent
Background-image	Configura uma imagem como plano de fundo.	Url, none
Background-position	Configura a posição inicial de uma imagem de plano de fundo.	Top left, top center, top right, center left, center center, center right, bottom left, bottom center, bottom right, x-% y-%, x-pos y-pos
Background-repeat	Estabelece se uma imagem de plano de fundo se repetirá ou não.	Repeat, repeat-x, repeat-y

A tag background-color é utilizada para inserir um fundo com uma cor, adotando-se o sistema de numeração hexadecimal. Esses códigos são como misturas de cores RGB. Para saber qual numeração representa determinada cor, no menu "Seletor de cores" do Photoshop é apresentado com o símbolo #, conforme mostra a Figura 5.1, a seguir. Na linha do código em HTML, a cor de fundo é representada da seguinte maneira: background--color: #151724

Figura 5.1 – **Código de cores hexadecimal destacado com uma borda azul (Print Screen tela do Photoshop)**

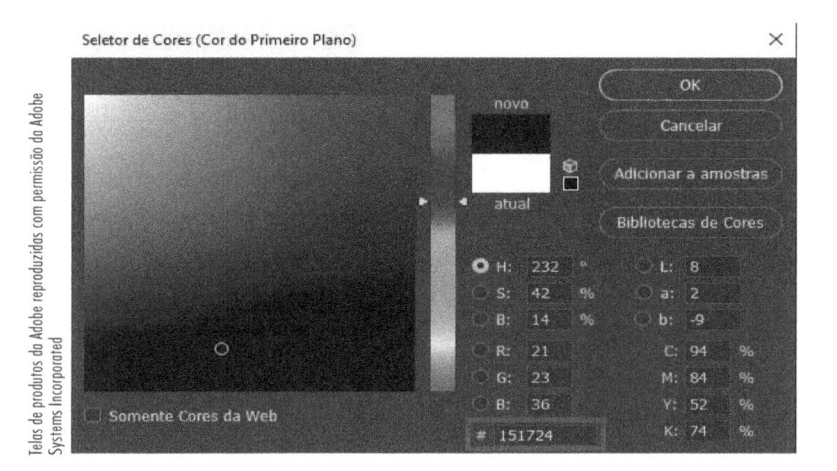

Telas de produtos da Adobe reproduzidos com permissão da Adobe Systems Incorporated

A escolha da tipografia também é outro elemento importante a ser considerado no desenvolvimento da interface do usuário. Nos projetos web, o modo mais prático de formatar tipografias é utilizando o CSS, em que o atributo principal é a `font-family`, que indica a família de fontes utilizadas para formatar o texto. Vejamos, a seguir, o exemplo do código com as seguintes fontes: Verdana, Arial, Helvetica e Sans-Serif. No código, a fonte principal é a Verdana, mas, caso ela não possa ser usada, será trocada pela Arial, caso a Arial também esteja indisponível, será trocada pela Helverica, e assim por diante.

```
<style type="text/css">
<!
.style1 {font-family: Verdana, Arial, Helvetica, sans-serif}
>
</style>
```

Pelo fato de os navegadores utilizarem, em regra, as fontes que estão instaladas nos sistemas operacionais, não é aconselhável usar fontes desconhecidas. Para a definição do tamanho do caractere, é preciso o atributo `font-size`, que pode ser adotado na unidade de medida em *px*, mas também em outras, como exemplo do código aplicando `font-size: 12px`. O atributo `color` indica a cor do texto, que pode ser definida pelo valor hexadecimal, pelo nome da cor em inglês ou pelo valor RGB, separados por vírgula, como a cor vermelha, que representa os valores `255, 0, 0`, (R=255, G=0, B=0).

A altura da linha é definida pelo atributo `line-height`, indicado para dar um espaçamento entre uma linha e outra. Para o atributo `text-transform`, existem vários valores possíveis, como `uppercase` para caixa-alta, `lowercase` para caixa-baixa, `capitalize` para primeira letra maiúscula e as restantes em minúsculas. O alinhamento do texto é feito pela *tag* `text-align`, usando um dos seguintes valores: `left` para texto alinhado à esquerda, `center` para texto centralizado, `right` para texto alinhado à direita, e `justify`, para texto justificado. A seguir, apresentamos um exemplo de uma linha de código seguindo essa formatação.

```
{font-family: Arial, Verdana, Tahoma, Sans-Serif;color:
#333333;font-size: 12px;}p{line-height: 20px;text-align:
justify;}.
```

5.3.2 Diretrizes para o design de interface

A organização das informações e o planejamento de como os usuários interagem com uma interface são preocupações constantes em um projeto. Por isso, é importante estabelecer diretrizes e conhecer alguns princípios do design. A visibilidade é um dos princípios que deve ser aplicado nas interfaces: o ato de olhar deve evidenciar, para o usuário, o caminho a seguir, isto é, na primeira visão, o usuário tem de entender o funcionamento do sistema. As diretrizes estão relacionadas à coerência e à funcionalidade da interface, conforme descreve Pereira (2002, p. 242, tradução nossa):

> Os critérios de avaliação de usabilidade são parâmetros que ajudam a equipe de teste a examinar um produto ou serviço durante seu planejamento, desenvolvimento, implementação e uso. Seu propósito é garantir a eficácia e a eficiência do uso do produto ou serviço, segundo os objetivos especificados, promovendo a satisfação de seus usuários. Portanto, devem ser considerados como requisitos de projetos.

Na prática, as diretrizes para o design de interface são, de certa forma, determinações advindas da pesquisa com usuários, que formam um conjunto de premissas indicativas sobre como os profissionais de criação podem implementar o desenvolvimento de uma interface interativa. Pereira (2002) aponta os subconjuntos dos critérios de usabilidade:

Quadro 5.4 – **Subconjunto dos critérios de usabilidade**

Critérios de usabilidade	Descrição característica
Adaptabilidade	Caracteriza-se pela modificação (parcial ou total) de uma aplicação multimídia, permitindo que esta desempenhe funções distintas daquelas previstas.
Aparência	Relaciona-se com os problemas de apresentação visual dos elementos que compõem a aplicação multimídia.
Associação	Determina se o conteúdo e a apresentação estão associados ao contexto.
Completeza	Verifica se os limites impostos aos agentes aplicação e informação estão dentro de padrões predefinidos.
Consistência	Permite identificar o grau de aproximação de uma medição entre os resultados de várias medições do mesmo uso da informação e dos componentes de operação (grau de estabilidade de toda aplicação multimídia).
Desempenho	Utiliza-se esse critério na análise dos agentes usuário (execução satisfatória de uma tarefa) e aplicação (requerimentos mínimos necessários de *hardware* e de sistema operacional).
Densidade	Caracteriza-se pela qualidade de informação passada ao usuário por meio das telas da aplicação multimídia.
Experiência	Caracteriza-se pelo conhecimento prévio adquirido (conceitual, procedural ou de princípios) pelo agente usuário.
Funcionamento	Refere-se aos aspectos operacionais funcionais, sob a perspectiva da aplicação.
Gestão de erro	Caracteriza-se por ser um dos módulos que compõem uma aplicação multimídia a qual responsabiliza-se pela indicação de erros, sejam de ordem operacional, seja do usuário.
Indicação	Permite identificar o uso de referências associativas entre algo e seu significado ou sua função.
Intuição	Significa a imediata apreensão de alguma coisa por intermédio de um processo básico cognitivo sem razoamento.
Legibilidade	Relaciona-se não só com os aspectos lexicográficos do agente informação, mas também com os aspectos físicos do meio onde a informação é apresentada.

(continua)

(Quadro 5.4 – conclusão)

Manutenção	Representa um indicador de qualidade da aplicação multimídia vinculada à capacidade de gestão do sistema.
Organização	Caracteriza-se por ser um processo que determina um conjunto de disposições ordenadas de acordo com critérios predefinidos, objetivando lograr a satisfação dos objetivos propostos.
Precisão	Permite verificar a exatidão do conteúdo no que diz respeito à sua estrutura sintática e semântica.
Predição	Baseia-se em um raciocínio lógico e representa a ação de anteceder a um fato.
Portabilidade	Caracteriza-se pela possibilidade de utilização de uma aplicação multimídia em distintas plataformas (diferentes sistemas operacionais, diferentes navegadores etc.).
Tempo de resposta	É o período de tempo necessário para a execução de algum pedido (carregamento de uma página web ou carregamento de um simulador ou de uma animação).
Veracidade	É responsável pela verificação da veracidade do conteúdo, levando em conta aspectos como a congruência da informação, a sequência lógica da informação e a conformidade de seu alcance.

Fonte: Pereira, 2002, p. 49, tradução nossa.

As diretrizes correspondem a recursos responsáveis por estabelecer limites, mas isso não quer dizer que todos os projetos devem seguir o mesmo modelo. Os designers digitais têm de propor alternativas criativas para o desenvolvimento de projetos funcionais, preocupando-se, ao mesmo tempo, com sua estética, de forma que usuários com perfis diferentes, em termos cognitivos ou de faixa etária, possam utilizar o mesmo sistema, visto que a interface é de fácil compreensão para diferentes públicos.

Outra diretriz importante em um projeto de design digital voltado para web e aplicativos é a criação do **mapa do aplicativo** ou site e *wireframe*, principalmente no desenvolvimento de projetos com grande quantidade de conteúdo, que contam com uma equipe responsável para a programação do site ou aplicativo e com o design digital, que deve preocupar-se com a questão de identidade visual. A equipe de desenvolvimento considera todos os elementos que compõem o projeto, como posição e localização. Assim, na concepção do design da interface, é imprescindível elaborar um *wireframe* de qualidade, a fim de que não apareçam novos problemas.

No momento de gerar a codificação com base no mapa do site e *wireframe* de um projeto de design digital, o desenvolvedor recebe as informações com as quais inicia o planejamento e o desenvolvimento da programação dos códigos. Para diminuir a possibilidade de erros e minimizar os problemas, além de desenvolver o mapa e o *wireframe*, que são considerados ilustrações básicas da estrutura e dos componentes de uma página web, é indicado elaborar outros documentos que facilitem essa etapa, como modelos ou protótipos.

De modo geral, os modelos voltam-se para a identidade visual do projeto e, por isso, contêm detalhes dos elementos visuais que o compõem. Na maioria dos casos, os modelos aproximam-se muito ou são exatamente idênticos ao design final, isto é, idênticos ao projeto depois de finalizado, com todas as imagens, os gráficos, a tipografia e todos os elementos que compõem a página. O protótipo, por sua vez, também conhecido como *wireframe* funcional, corresponde a um layout com alguma funcionalidade básica já finalizada, em que é possível visualizar com maior realidade a navegação do projeto. Essa etapa é antecedente à programação mais complexa do projeto; nela ainda não é possível dispor de todas as funcionalidades do projeto, mas é plausível interagir de uma forma básica e simular a maneira como os usuários, eventualmente, navegarão no site. Os protótipos podem incluir ou não elementos do design finalizado.

5.4 Experiência do usuário (UX) e interface do usuário (UI)

O termo *user experience* (UX), traduzido em português para "experiência do usuário", diz respeito à própria experiência de uma pessoa ao utilizar um dispositivo, sistema e aplicativos. Desse modo, a terminologia *user interface* (UI), ou "interface do usuário", aponta para o modo como a pessoa alcança essa experiência. Como o UX está preocupado com a experiência do usuário, lida com as emoções da pessoa que utiliza certo serviço ou produto. De maneira geral, o objetivo do UX é fazer com que o produto ou serviço seja simples e natural e o mais amigável possível – *user-friendly*.

Ao desenvolver um projeto de design digital, é preciso compreender como as pessoas se comportam e, especificamente, estudar o padrão de comportamento do público-alvo do projeto, a fim de que ele seja concebido de modo que o produto ou serviço não cause nenhuma frustração ao usuário, satisfazendo-o plenamente.

Já o UI apresenta atributos mais técnicos, pois está ligado ao planejamento e à criação do ambiente controlado pelo usuário, englobando toda a estratégia de design e desenvolvimento de um produto, como usabilidade, conteúdo e arquitetura de informação. O UI também concerne ao estudo de como o usuário executa as interações do produto e do serviço, que pode estar em diversos dispositivos em projetos digitais como *smartphones*, *tablets*, *smart* TV, caixas eletrônicos, equipamentos de localização de lojas em *shoppings* etc. O usuário interage com esses dispositivos por meio de aplicativos, *softwares*, ou seja, de um sistema que tem *interface* com elementos gráficos em que há menus, botões, imagens e ilustrações, e seu desenvolvimento deve considerar os elementos UX e UI.

Portanto, o profissional que desenvolve essa interface é o designer digital. Para conceber um projeto, ele precisa conhecer várias áreas, e uma delas é a arquitetura da informação. Ainda, o profissional tem de conhecer o usuário profundamente, a ponto de antecipar suas reais necessidades, a fim de fornecer uma plataforma de fácil compreensão e na qual o usuário execute aquilo que deseja.

5.4.1 Usabilidade em navegadores: aplicação de UI e UX

A aplicação do estudo de UI e UX deve integrar os projetos de design digital. A união desses dois conceitos, que se preocupam com o que é mostrado ao usuário e com a forma de interação, também é conhecida como design de interação ou *ergodesign*. Esse é um campo interdisciplinar, intimamente ligado às interfaces de sistemas tecnológicos, que visa tornar as interfaces mais fáceis, e as informações, mais acessíveis (Agner, 2009).

É nítido que a integração desses estudos aos projetos digitais traz benefícios ao usuário. Com a popularização de projetos digitais, sobretudo pela gama de páginas na web, de aplicativos alocados nessas páginas e em lojas dos sistemas operacionais, a simples aplicação do design de interação não seria suficiente. Dessa forma, o conceito de usabilidade começou a se tornar importante para projetos de design digital. Jordan (1998, p. 56, tradução nossa) defende que a usabilidade é um produto que abrange alguns princípios, como:

- Consistência – Ações semelhantes devem ser realizadas de maneira parecida.
- Compatibilidade – Atendimento das expectativas do usuário em relação a experiências anteriores.
- Capacidade – Limitações do usuário, considerando-se também a questão da acessibilidade.
- Feedback – O usuário conhece a resposta que o sistema entrega para cada ação realizada.
- Prevenção – Impede que o usuário realize algum procedimento errado, que afete o sistema ou a ele mesmo.
- Controle – Garante que o usuário tenha sempre em mãos o comando sobre o sistema, evitando possíveis frustrações e abandono.

A aplicação dos conceitos de design de interação e usabilidade depende de cada projeto, em razão das particularidades a serem consideradas. Teixeira (2014, p. 16) elenca alguns casos de controle:

Após o terceiro segundo de espera, 40% dos usuários abandonam um site. Segundo a Amazon, 100 milissegundos de atraso em carregamento acarretam em um declínio de 1% nas vendas. O Google Maps estudou os efeitos que o peso em uma página traz para sua performance. Diminuindo de 100KB para 80KB o tráfego aumentou 10% na primeira semana e 25% nas semanas seguintes.

Nos aplicativos, os usuários acessam os projetos conforme a identidade visual do sistema operacional do *smartphones*. Como já sabemos, os mais populares são o Android (do Google), o iOS (da Apple) e o Windows Phone (da Microsoft). Para obter boa usabilidade de um aplicativo, é necessário ter versões para cada sistema operacional. Entretanto, para projetos de páginas web, desenvolvidos com o recurso HTML5 e visualizados em navegadores, quase não existe incompatibilidade de visualização da interface do site. No entanto, os principais navegadores – Mozilla Firefox; Google Chrome; Opera; Microsoft Edge; Safari; Vivaldi; Maxthon; Brave – também têm suas particularidades, que, em certos projetos, podem ser relevantes, caso o usuário esteja navegando no site por um navegador específico.

Os navegadores Google Chrome, Mozila Firefox e Safari são os mais populares. É recomendável que todos os projetos, mesmo que desenvolvidos no HTML5, sejam testados nesses navegadores, verificando sua usabilidade e considerando, sobretudo, os elementos UI e UX.

5.4.2 Arquitetura de informação e noções de UX e UI

Em nosso cotidiano, deparamo-nos com uma grande quantidade de informação, principalmente no tocante à usabilidade de aplicativos ou sites na internet. A arquitetura da informação (*architecture information*), também conhecida pela sigla AI, é a área que estuda a forma de organizar as informações de uma interface a fim de facilitar a compreensão do usuário. Em um projeto de design de interface, o momento do planejamento da AI é bastante objetivo e, para iniciá-lo, as noções de UX e UI são fundamentais. Segundo Garrett (2003), o processo de experiência com o usuário é constituído por cinco camadas cujas sobreposições concretizam-se do nível mais abstrato para o mais concreto. São elas:

1. Estratégia – diz respeito ao que se espera do produto (website, sistema, aplicativo), em atendimento ao desejo dos usuários.

2. Escopo – corresponde ao levantamento de requisitos e especificações de funcionalidades e qualidades que o produto deve apresentar, bem como de que maneira o projeto será conduzido.

3. Estrutura – concerne ao modo como o conteúdo será organizado, devendo-se sublinhar o que é mais importante a ser exibido e encontrado pelos usuários, de forma a encaixar esse elemento nas capacidades e limitações técnicas, mercadológicas e de usabilidade do produto.

4. Esqueleto – corresponde ao momento em que se desenha a organização dos elementos constituintes da interface e seus componentes. É necessário ponderar quais tipos de componentes são mais adequados para exibir as informações desejáveis e habilitar certas funcionalidades aos usuários.

5. Superfície – diz respeito à interface final, é aquilo que o consumidor, cliente, usuário, tem diante de si e com o que vai interagir. (Garrett, 2003, p. 27, tradução nossa)

É evidente que o planejamento da AI está intimamente ligado à UX, visto que há muitas características emocionais, abstratas, que devem ser consideradas antes mesmo de iniciar a concepção de uma interface. Esses aspectos fazem com que o tempo de planejamento de um projeto se estenda, pois é preciso validar a forma e a estratégia de disposição do conteúdo para que seja funcional ao usuário. A AI responsabiliza-se por aspectos mais técnicos, por exemplo, se o projeto apresenta boa navegação e responde conforme às solicitações do usuário. Nessa etapa, o design utiliza recursos e técnicas para construir a AI, assim como o HTML5 é usado para criar aplicativos, sistemas, websites etc.

Com os constantes avanços tecnológicos, absorvidos mais rapidamente pela sociedade digital do que pelas próprias empresas, é importante que o departamento digital e de marketing estejam sempre antenados e em sintonia com as inovações, ponderando a respeito do perfil desse novo consumidor, que, hoje, considera fatores que anteriormente passavam despercebidos, como a reputação da empresa fornecedora do serviço ou os materiais utilizados no desenvolvimento do produto, bem como os meios de divulgação.

O comportamento da empresa frente à sociedade, a exemplo do envolvimento em causas ambientais e sociais, do processo de fabricação do produto ou da prestação do serviço orientados por práticas sustentáveis, é um aspecto caro ao novo consumidor, e essa mudança de comportamento está intimamente atrelada ao fácil acesso à internet, que disponibiliza uma grande quantidade de informações de forma rápida.

As interfaces desenvolvidas pelos profissionais de design digital precisam contemplar a criatividade aliada à estratégia de marketing, com o objetivo de tornar o comportamento do consumidor digital favorável à aquisição do produto ou serviço ofertado. O novo consumidor é muito mais exigente e, ao se deparar com qualquer dificuldade ou insegurança, rapidamente busca alternativas de produtos nos concorrentes.

Assim, é fundamental estudar o comportamento do consumidor digital e o modo de execução de suas ações na internet. A coleta de informações pelo departamento de marketing e a transmissão para os profissionais de design digital é uma atividade que orienta a criação, sendo, por isso, de suma importância. Cabe ao designer desenvolver aplicativos e sites atrativos, nos quais os consumidores sintam-se confortáveis para navegar e lá permanecer o máximo de tempo, resultando em uma boa experiência e, consequentemente, na aquisição do serviço ou produto de determinada empresa. O uso das tecnologias digitais abre novas maneiras de o consumidor relacionar-se com as empresas, seus produtos e seus serviços, instigando, inclusive, a interação, de acordo com os serviços prestados.

tomertu/Shutterstock

CAPÍTULO 6

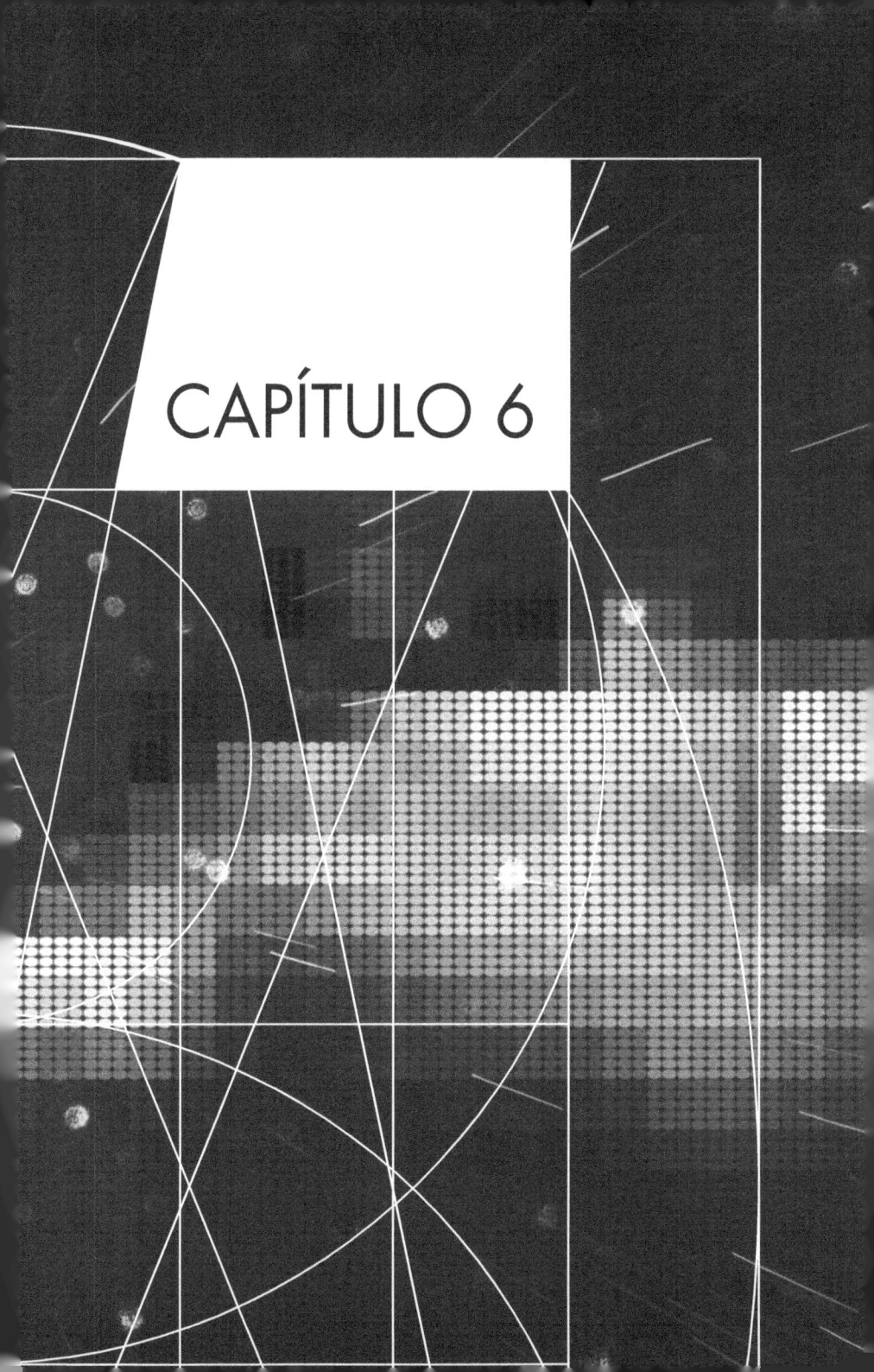

PADRÕES E TENDÊNCIAS DIGITAIS

Os projetos de design digital, em sua grande maioria, baseiam-se em conceitos e fundamentos dos projetos web, principalmente os relacionados a websites, tendo em vista a padronização do HTML5. Por isso, é importante revisar os padrões de uma página desenvolvida com a linguagem de programação em HTML5. Vejamos, a seguir, um exemplo.

```
1. <!DOCTYPE html>
2. <html lang="pt-br">
3. <head>
4. <meta charset= "UTF-8" >
5. <link rel= "stylesheet" type= "text/css" href=" estilo.css" >
6. <title> Padrões e tendências digitais </title>
7. <style type="text/css">
8. <!--
9. style1 {font-family: Arial, Helvetica, sans-serif}
10. -->
11. </style>
12. </head>
13. <body>
14. <div align="left" class="style1">
15. Neste capítulo será abordado o tema sobre padrões e tendências digitais</div>
16. </body>
17. </html>
```

O doctype é um padrão que, obrigatoriamente, precisa estar na primeira linha do código, antes da *tag* HTML. Na linha de número 2, é observado o código <HTML lang=''pt-br''>. O atributo `lang` refere-se ao idioma principal do documento. O código tem um padrão, pois primeiro é inserido o símbolo matemático `<` para abrir a *tag*, que no exemplo é o HTML. Na sequência, é indicado o atributo, no caso `lang`, seguido pelo símbolo matemático `=` (igualdade). Logo após, são abertas aspas para indicar o atributo da *tag* e, posteriormente, as aspas são fechadas. Por último, para encerrar a *tag*, é inserido o símbolo matemático `>`, que resulta no código `<HTML lang=''pt-br''>`.

Após a *tag* que corresponde ao idioma, a próxima a ser inserida é a `head`, relativa ao cabeçalho de uma página HTML e que contém as informações sobre o título da página e os metadados, concernentes à página e ao conteúdo publicado, o que facilita o entendimento dos relacionamentos e evidencia a utilidade das informações dos dados. O `head` também contém a `meta charset`, que diz respeito à codificação usada pelo documento. A UTF-8 é a mais empregada na América Latina, pois habilita o uso de acentos, do cedilha etc.

Outra *tag* que também compõe a `head` é a `link`. Nesse caso, correspondem a *links* para fontes externas integradas ao documento. No exemplo, há uma *tag* `link` que importa o CSS para a página. O CSS é um mecanismo usado para adicionar estilo a um documento web e padrões de formatação, como o estilo de letra. O atributo `rel="stylesheet"` informa que o *link* se refere à importação de um arquivo CSS e, por isso, foi inserido antes de informar o tipo e o estilo de texto.

A *tag* `title` refere-se ao título da página, ou seja, ao nome atribuído a ela. Ele está representado pelo código `<title>` padrões e tendências digitais `</title>` em que o texto "padrões e tendências digitais" é o que será apresentado como título nos navegadores. As linhas 7 a 11 concernem à codificação CSS, trazendo informações sobre a formatação da tipografia. Na linha de número 12, a *tag* `head` é fechada: `</head>`. Na linha de número 13, é aberta a *tag* `body`, ou seja, o corpo da página. A linha 14 informa que o texto a seguir, que contém a informação "neste capítulo será abordado o tema sobre padrões e tendências digitais", será formatado conforme as configurações do CSS, denominado `style1`. A definição da formatação pode ser observada na linha 9, isto é, a letra configurada é `Arial, Helvetica, sans-serif`. Todas as informações inseridas dentro da *tag* `body` são visualizadas nos navegadores. A linha de número 10 representa o final da *tag* `body`, ou seja, o fim do conteúdo da página, representado pelo código `</body>`. Na linha de número 16, a *tag* informa que, naquele ponto, termina a página em HTML, representada pelo código `</html>`.

A explicação ora apresentada corresponde às tags comportamentais e que não aparecem no site, como a *tag* `<title></title>`, entre outras que devem estar entre `<head>` e `</head>`. Assim, entre as *tags* `<body>` e `</body>` deve estar todo o conteúdo que aparecerá no site, construído em um arquivo HTML5, conforme padrões W3C.

Para ter certeza se o código está no padrão correto, há algumas plataformas que facilitam essa verificação, como detectar erros de *tags* não fechadas. O HTML5 tem padrões definidos pelo W3C. Respeitando esses padrões, a visualização do site nos principais navegadores será o mais fiel possível ao código desenvolvido. Há plataformas que também ajudam a identificar erros de código (ver Capítulo 3) e, com isso, permitem o desenvolvimento de uma autonomia para reconhecer e autocorrigir os códigos em HTML, facilitando e otimizando o trabalho no desenvolvimento de uma interface e da AI, com o intuito de manter os padrões.

6.1 Sistemas de design

Os sistemas de design facilitam a padronização dos projetos. Nessa etapa, é elaborada a documentação de descrições, informações e todos os elementos necessários para o desenvolvimento de um projeto, coletando dados *on-line* ou fisicamente. Com todas as informações, é possível descrever as padronizações de todos os elementos de um projeto, ajudando a viabilizar a aplicação desses padrões em diferentes projetos de design, tanto para o uso gráfico quanto digital, além de manter a mesma identidade visual nas diferentes aplicações. A identidade visual deve aparecer no cartão de visitas de uma empresa, nos envelopes e nos materiais promocionais: canetas, chaveiros, camisetas ou brindes personalizados. Da mesma forma, com as devidas adaptações, a mesma identidade visual deve ser mantida nos projetos de design digital, como site ou aplicativos. Nesse sentido, os sistemas de design facilitam a padronização de todos esses elementos.

Na prática, os elementos padronizados são bem similares aos que os profissionais de design gráfico estão acostumados a trabalhar no manual de identidade visual, como grades, formas, tipografias, iconografia, cores, símbolos etc. Um exemplo prático de padrão em projeto de design são as interfaces dos *softwares* encontrados no pacote Office da Microsoft. Todos são *softwares* da mesma linha e seguem a padronização da interface, embora tenham funções específicas e, em alguns casos, totalmente distintas. Essa uniformidade de padrão da identidade visual é desenvolvida por um sistema de design com o objetivo de manter as mesmas referências para todos os *softwares* do pacote já existentes, bem como para aplicá-las a novos lançamentos. Além de facilitar o trabalho dos desenvolvedores dos *softwares*, tanto da área da arquitetura da informação (AI) quanto do design, o sistema de design ajuda nas questões de usabilidade dos usuários, facilitando a identificação dos recursos padrões do mesmo pacote de *softwares*. Exemplo disso são os *softwares* do pacote Office, que, praticamente, têm a função de salvar e abrir, seguindo um padrão de formatação de ícones, cores, localização, ou seja, mantendo a mesma identidade visual.

As lojas de aplicativos compartilham seus sistemas de design com os desenvolvedores a fim de que sejam desenvolvidos aplicativos harmoniosos, coesos e confortáveis para a navegação em seus sistemas operacionais. Seguir as diretrizes desses sistemas operacionais, em alguns casos, é uma obrigatoriedade para que o aplicativo possa ser disponibilizado, principalmente aqueles destinados para os *smartphones* da Apple, com sistema operacional iOS. Outras padronizações apenas recomendam a utilização, logo, não existe uma influência direta entre o uso e a aprovação do aplicativo na loja virtual. Contudo, de certa forma, o design do aplicativo acaba sendo influenciado pelo sistema operacional a ele integrado. Algumas empresas têm, inclusive, seus próprios sistemas de design, quais sejam: Apple HIG; Google Material Design; Microsoft Fluent Design; IBM Carbon Design System; Salesforce Lightning; SAP Fiori; Canonical Vanilla Design.

Caso o sistema de design seja mantido conforme o sistema operacional, é possível identificar as diferenças visuais do mesmo aplicativo instalado em um *smartphone* da Apple, com sistema operacional iOS, e no sistema operacional Android, do Google. Com objetivo de manter o padrão, algumas empresas disponibilizam bibliotecas e *frameworks* para *desktop* e *mobile*. Para as grandes empresas desenvolvedoras, é interessante que outras organizações sigam seu padrão, pois os usuários assimilam facilmente os aplicativos disponíveis em seus sistemas. O Twitter Bootstrap, a Google Material Library e a Microsoft UI Fabric são exemplos de *frameworks* e bibliotecas disponíveis para serem utilizados nos aplicativos. Há, no entanto, outras bibliotecas e *frameworks*, como React UWP (Fluent Design), Materialize (Material Design), Material UI (Material Design), a Ratchet (Apple Guideliness iOS) e Semantic UI (inspirado na Apple e no Material Design).

Existem inúmeras vantagens de utilizar um sistema ou uma biblioteca pronta, como facilitar o desenvolvimento e manter a satisfação do usuário por meio de um visual com o qual ele já está acostumado. Com vistas a manter a uniformidade, algumas diretrizes se tornaram obrigatórias para que um aplicativo possa ser inserido nas lojas. O Google, por exemplo, atualizou em suas políticas, já há algum tempo, que todos os ícones dos aplicativos tem um formato unificado. A ideia é que, nas telas dos *smartphones* de seu sistema operacional Android, os ícones sejam padronizados, não apresentando, portanto, formatos diferentes.

O padrão adotado é a forma conhecida como *squircle*, ou seja, "quadrado com cantos arredondados". O Google não permite que sejam efetuados *uploads* de *apps* que não se encaixem nesse padrão. O objetivo, com isso, é criar um sistema de design unificado não somente para o sistema operacional Android, mas também para o ChromeOS. O conceito está em que os diversos sistemas operacionais do Google mantenham o mesmo sistema de identidade, incluindo o Android TV e o Android Auto.

As diretrizes de padronização propostas pelo Google e disponíveis em seu sistema de design, o Material Design, têm o objetivo de padronizar não apenas aspectos visuais, mas também interativos, concebendo a hipótese de que os aplicativos, de certa maneira, mantenham-se visualmente semelhantes. A manutenção desse padrão ocorre, sobretudo, pela uniformização dos aspectos visuais, como o espaçamento e a tipografia. Assim, no momento de exibição de lista, todos estariam usando o *floating action button* disposto no canto direito e até o mesmo tipo de botão para as ações secundárias, disponíveis no *header*. Nesse momento, o papel do design digital é ainda mais importante no desenvolvimento de um projeto, principalmente no tocante aos aplicativos, pois, mesmo que todas as diretrizes estejam disponíveis, é necessária uma boa dose de criatividade para criar um aplicativo que se diferencia dos demais.

Quanto à padronização, quando analisadas especificamente as *guidelines*, há vantagens e desvantagens na utilização das que são sugeridas pelo sistema operacional. Um dos aspectos positivos é a questão da familiaridade, pois, para o usuário acostumado a usar os aplicativos nativos daquele sistema operacional, quando instalado outro aplicativo que siga os mesmos padrões, o entendimento é facilitado, aspecto que está relacionado à satisfação do usuário e à usabilidade, principalmente quando os padrões de interatividade tornam a operação do aplicativo extremamente intuitiva, pois são similares à de outros produtos. A desvantagem, por sua vez, está em uma possível confusão visual, uma vez que a similaridade entre os aplicativos torna difícil a identificação de qual aplicativo está sendo utilizado naquele momento. Essa confusão torna-se ainda mais evidente quando o usuário abre as janelas para alternar de um aplicativo para o outro. Assim, se cada aplicativo apresenta uma identidade visual única, de imediato, o usuário consegue identificar em qual deles está navegando.

Em suma, é importante que o designer pondere a respeito das diretrizes pautadas pelas lojas virtuais. Estudantes e profissionais iniciantes podem utilizar o *bootstrap*, copiando e colando elementos para montar uma interface. Nos primeiros projetos, e para correr menos riscos de cometer erros relacionados à usabilidade do aplicativo, é indicado seguir de perto, por exemplo, as *guidelines* do Material Design, visto que isso pode tornar mais consistente a usabilidade do aplicativo.

6.2 Padrões de imagens para uso digital

Nos projetos de design digital, em geral, são utilizadas muitas imagens. O profissional da área precisa conhecer a padronização correta para que a imagem realmente possa ser visualizada.

As imagens digitais são formadas por *pixels*, que correspondem ao menor elemento que pode ser exibido em um dispositivo digital, como monitores, televisores, telas dos *smartphones* etc. As imagens formadas por *pixels* recebem o nome de *bitmap*, definindo-se suas dimensões de largura e altura, não sendo possível aumentar o tamanho dessas imagens sem perder a qualidade; na diminuição não existe problema. Dessa forma, o designer digital precisa fazer um planejamento prévio de qual é o maior tamanho em que a imagem tem de ser exibida, a fim de formatá-la de forma correta, principalmente se for ampliá-la.

Com relação à padronização das cores nos projetos de design digital, primeiramente é preciso considerar que seus componentes podem ser combinados de várias formas. A combinação varia de acordo com a quantidade de canais do modo de cor, mas, para o uso digital, deve ser utilizado o modo de cor RGB. A linguagem de programação HTML também utiliza um código de cores conhecidas como *hexadecimal*, o que facilita a aplicação e pode ser utilizado como padrão nos projetos de design digital.

A unidade de medida padrão para o uso digital são as polegadas e, em programas de edição de imagens como o Photoshop, é possível determinar a quantidade de *pixel* que cada polegada de uma imagem terá. Dessa forma, uma imagem com uma quantidade maior de polegadas apresentará uma qualidade melhor. Consideremos este exemplo: uma imagem com a dimensão de 10 cm de largura por 15 cm de altura pode ser configurada com 300 *pixels* por polegada, mas também é possível salvar essa mesma imagem com a mesma dimensão com uma quantidade de *pixels* menor, por exemplo, 72. Além de definir a qualidade das imagens, a quantidade de *pixels* por polegadas influencia o peso do arquivo, ou seja, quanto maior for a quantidade de *pixels*, maior será o peso do arquivo dessa imagem.

No uso digital de uma imagem com 72 *pixels* por polegada, o ideal é que ela seja visualizada de forma correta e rápida, sobretudo em sites ou aplicativos web que dependem da velocidade da internet para baixar os arquivos com mais rapidez. Esse é considerado um padrão para o uso em projetos de design digital. Além da quantidade de *pixels* por polegada, conhecida como *pixels per inch* (PPI), a extensão do arquivo também influencia o peso dele. A .jpg é uma extensão de compactação de imagem que pode ser visualizada em dispositivos digitais e deve ser usada quando a imagem tem muito detalhes, como uma fotografia ou ilustrações digitais realísticas. A extensão .png é empregada quando uma imagem apresenta uma quantidade de detalhes menor, como um desenho ou logotipo, e também permite que a imagem seja salva com um fundo transparente, possibilitando visualizar a cor do fundo de uma página, por exemplo.

Para o uso digital, é possível salvar várias imagens no mesmo arquivo e, em havendo alguma alteração entre elas, passa a sensação de movimento. Para isso, basta salvar o arquivo na extensão .gif que também permite salvar as imagens com um fundo transparente. É importante lembrar que, com essa extensão de arquivo, é permitido salvar mais do que uma imagem, pois o peso pode ser maior do que as imagens em outras extensões como o .jpg, por exemplo. Para uma imagem que será visualizada em dispositivos digitais e na web, elas devem ser finalizadas, ou seja, fechadas em 72 PPI, conhecida também como resolução de imagem no modo de cor RGB e na extensão correta, de acordo com as características de cada imagem. Para configurar no *software* Photoshop, essas informações estão no menu Imagem – *Image*, na versão em inglês, Modo – *Mode*, selecionando o modo RGB. Para definir a resolução da imagem, acessa-se o mesmo menu Imagem – *Image*, depois o menu *Image Size* (tamanho da imagem) e, no campo *Resolution* (resolução), deve ser inserido 72 e selecionar *pixel/inch* (pixel por polegada).

É importante ressaltar que nunca se deve aumentar as dimensões de uma imagem para não perder sua qualidade de visualização. O indicado, caso uma imagem não esteja na resolução de 72 PPI, é, ao abrir a janela do tamanho da imagem, primeiro tirar a seleção do item *Resample Image* (redimensionar imagem) e depois inserir o valor correto de 72. Dessa forma, a imagem será redimensionada para um tamanho no qual a qualidade da imagem será mantida. É preciso lembrar-se de sempre utilizar as extensões padrões de imagens para o uso digital, como por exemplo .jpg, .png ou gif. Quando são utilizadas imagens fora desses padrões, muitas vezes elas não conseguem ser exibidas.

6.3 Pesquisa e identificação de problemas no mercado

Uma das alternativas para indicar tendências digitais é por meio de pesquisa e levantamento de problemas no mercado. O design digital é fundamental para a comunicação *on-line* de uma empresa e pode aumentar sua área de atuação a partir da identificação de problemas no mercado, mediante pesquisas que visam mostrar os problemas que estão acontecendo e que, talvez, ainda não estejam evidentes. Essas pesquisas, além de ressaltar as dificuldades, podem indicar novas oportunidades de atuação de projetos de design digital e, consequentemente, tendências de novos negócios para uma empresa. A realização desse tipo de levantamento pode ser feita por meio de pesquisas mais tradicionais, como o estudo da participação e do potencial de mercado da imagem de determinada empresa, bem como mediante pesquisas de características de mercado, de análise de vendas e de previsão de tendências de negócios, as quais auxiliam na percepção de uma mudança de comportamento dos consumidores e, assim, fornecem suporte às decisões que visam atender a essas mudanças.

Com os resultados das pesquisas, podem ser identificados, em um projeto de design digital já existente, problemas que não estavam visíveis, mas que realmente existem ou podem vir a existir, sendo importante, portanto, tomar ações o mais rápido possível antes que as adversidades tomem maiores proporções. Na prática, as pesquisas são feitas por meio de fornecedores, que podem ser internos e externos. Os internos normalmente correspondem a departamentos de pesquisa de mercado da própria empresa encarregados pela estratégia das pesquisas. Os fornecedores externos são empresas independentes especializadas em prestar serviços de pesquisas de mercado, em geral, contratados pelos fornecedores internos para prestar serviços específicos de pesquisa.

A inovação no design no mercado contemporâneo está pautada nas inteligências criativa e social, que também podem resultar das pesquisas realizadas. Na história do design, observamos que as características de inovação e de proposição de novas tendências estiverem presentes desde sempre. Para inovar, o profissional de design digital precisa ter a capacidade de resolver os problemas de forma criativa e empática. Atualmente, a inteligência artificial, que está mudando drasticamente o modo de vida das pessoas, bem como a *internet of things* (IoT, traduzida em português como "internet das coisas"), ainda que não sejam percebidas, estão presentes em nosso cotidiano.

A **internet das coisas** proporciona soluções importantes em design digital, pois é possível obter informações de consumo de uma pessoa e enviar propostas de compras de produtos diretamente aos aplicativos dos *smartphones* ou até na própria tela de uma geladeira interligada à rede local do cliente.

Os projetos de design digital geralmente trazem aspectos interativos. Dessa forma, o contexto do mercado atual engloba soluções nas quais deve prevalecer a experiência do usuário. Uma das mais promissoras e que apresenta uma interação intensa é o *game* design, utilizado nas empresas para capacitar e treinar colaboradores, ultrapassando seu uso tradicional voltado ao entretenimento. O mercado de animação e arte multimídia é bastante amplo e inclui projetos de efeitos visuais para filmes, televisão e *videogame*, configurando-se como outra área em evidência atualmente, além de desenvolver sites como o objetivo de promover uma nova experiência para o usuário.

6.4 Inovação e diferenciação como estratégia de design

O design, além de desenvolver produtos, pode interagir com outras áreas da empresa, como na definição de estratégias que visam melhorar o posicionamento no mercado. A inovação e a diferenciação como estratégia de design também podem ajudar a criar maior visibilidade a uma marca, bem como aumentar a confiabilidade. Para Rocha (1996, p. 122), a inovação "pode assumir duas formas: utilização de componentes com características técnicas melhores ou elaboração de um produto mais complexo, composto pela integração de vários subsistemas, pela melhoria de um deles".

A inovação é confundida, em várias situações, com a invenção. Para conceber novos produtos, embora sejam desenvolvidas pesquisas, esse movimento acontece apenas quando determinado produto lançado no mercado é efetivamente considerado uma inovação. A inovação e a diferenciação podem ser consideradas duas engrenagens que, juntas, servem como uma excelente estratégia de design. A inovação, de certa forma, corresponde a pesquisas e estudos que resultam em novos produtos, serviços ou uma junção de produtos e serviços, mas também pode utilizar seus princípios em produtos já existentes, com objetivo de comercializá-los de uma nova forma.

O design tem um papel importante para os negócios, principalmente pela grande diversidade de produtos existentes e pela concorrência de mercado, não restringindo sua importância somente a questões estéticas, de usabilidade, de experiência do usuário e de interface. Um bom planejamento estratégico de negócio, atrelado a produtos com excelente qualidade de design e de tecnologia, tendem a ter resultados importantes, pois influenciam diretamente a decisão de compra do público-alvo. Nos projetos de design digital, nos quais a experiência do usuário deve ser sempre considerada, é necessário ter equilíbrio para que se produzam projetos que satisfaçam os usuários, mas que também sejam viáveis para o negócio.

Metodologias de inovação e diferenciação são desenvolvidas a partir de um ambiente propício à criatividade, por meio do compartilhamento de conhecimentos entre os colaboradores para que possam implementar novas ideias e também experimentar novos processos de criação. Cada empresa pode adotar suas próprias metodologias. As mais utilizadas, contudo, são: *brainstorming*, design *thinking*, matriz GUT, prototipagem acelerada e radar da inovação, métodos que estimulam a inovação e a diferenciação. A seguir, descrevemos essas metodologias de forma breve e, na próxima seção, enfatizamos o uso do design *thinking*.

- **Brainstorming** – Corresponde a reuniões em grupos com o objetivo de solucionar questões específicas por meio de exercícios que estimulam a mente e que exploram a potencialidade de criatividade individual ou do grupo.
- **Matriz GUT** – Utiliza três fatores: (1) gravidade, (2) urgência e (3) -tendência do problema. A gravidade relaciona-se ao impacto de problemas e seus efeitos a longo prazo. Urgência é o tempo necessário para resolver determinado problema. A tendência indica se o problema pode ou não se agravar.

- **Prototipagem acelerada** – Dispõe de ferramentas com o objetivo de diminuir o tempo para que os planejamentos de design digital alcancem resultados em menor tempo e, consequentemente, reduzam o custo de desenvolvimento.
- **Radar da inovação** – Engloba diferentes dimensões do negócio de uma empresa em que as inundações podem acontecer em projetos específicos ou na empresa como um todo.

6.4.1 Design *thinking*

O profissional de design digital pode auxiliar uma empresa em sua comunicação *on-line* de várias maneiras, não só no que corresponde aos aspectos técnicos da produção de objetos, mas também às peças interativas, preocupando-se com elementos do design visual, como tipografia, grafismo, cores. Mas a área do design, principalmente o digital, pode ir muito além disso. Ela é capaz de propiciar uma mudança na forma como as empresas desenvolvem produtos, serviços, processos e estratégia. Essa maneira de pensar é conhecida como design *thinking*, que une o desejo dos usuários com uma técnica economicamente viável para as empresas, sendo também uma forma de auxiliar a comunicação *on-line* de uma organização.

O design *thinking* é o conjunto de métodos e processos usados para abordar problemas relacionados a futuras aquisições de informações, análise de conhecimento e propostas de soluções. A terminologia vem sendo empregada nos contextos de *startups*, área em que o design digital tem forte atuação. O estudo do design *thinking* propõe cinco fundamentos que auxiliam no desenvolvimento de projetos, quais sejam:

1. **Redefinir o problema** é pensar na comunicação *on-line* da empresa de forma abrangente e, depois dessa visualização ampla, identificar o real problema.
2. **Abraçar as diferenças** refere-se ao fato de que o profissional de design digital pode agregar pessoas de áreas diferentes com experiências diversar, a fim de elaborar soluções de comunicação para a empresa com visões distintas.
3. **Compreender os valores humanos** relaciona-se à pesquisa, ao ato de conversar com os consumidores. Isso pode ser feito por entrevista, de modo a entender o que ele pensa, sente, fala e faz e como seria uma comunicação *on-line* mais eficaz.
4. **Tangibilizar os valores e as relações** diz respeito à tentativa de entender quais são os valores dos clientes, para, assim, transformá-los em algo concreto, de maneira que tais valores sejam materializados na comunicação, em conexões entre a empresa e seu público, diante de um engajamento emocional.
5. O ato de **otimizar** visa estabelecer, na comunicação, um curto prazo de teste de ideias advindas do designer digital, pois, quanto mais rápido o designer digital descobrir o que está dando errado, mais rápido alcança um bom resultado.

Esses cinco fundamentos são importantes no estudo do design *thinking* e podem ser utilizados para estabelecer padrões e tendências digitais nos diversos projetos de design digital, como no desenvolvimento de sites, aplicativos, plataformas etc.

6.5 Projeto digital, transmídia e crossmídia

A interatividade na web não está relacionada apenas a sites interativos, mas também a todas as possibilidades de interação que a *World Wide Web* (WWW), a rede mundial de computadores, pode proporcionar. Inicialmente, a WWW era utilizada apenas para transmitir informações de forma difusiva, em que o público era passivo nesse recebimento de informações. Outros meios de comunicação em massa também iniciaram dessa forma, como o rádio e a televisão, mas, hoje, a interatividade nas rádios ocorre por intermédio de aplicativos, ligações e mensagens através dos quais o ouvinte interage com o locutor. Na televisão, a interação do público com o apresentador também pode ocorrer por mensagens, ligações e aplicativos. Além disso, a TV digital tem inúmeras possibilidades de interação mediante a chegada das *smart* TVs, conectadas à internet e com a implantação da TV interativa, projeto que está em fase de estudos e implementação.

A web interativa está relacionada a todos os dispositivos conectados à rede mundial de computadores e que possam comunicar-se. É importante ressaltar que um dos conceitos de comunicação diz respeito ao poder de modificação de uma ação. Caso não haja mudanças, isso significa que a comunicação não é eficiente e que a informação está simplesmente sendo difundida. Na web interativa, o princípio da comunicação relacionado à ação de modificar está ligado à interatividade. Quando uma informação é transmitida, a interatividade é uma constatação de que comunicação foi efetiva.

Atualmente, para que uma comunicação seja efetiva, tendo em vista o bombardeio de informações recebido diariamente, a construção do projeto digital deve contemplar a transmídia e a crossmídia. Para relembrar esses conceitos, vistos brevemente no Capítulo 1, a transmídia refere-se às mídias que transmitem conteúdos diversos de forma complementar, e a crossmídia relaciona-se ao modo como é feita a distribuição de serviços, de produtos e, até mesmo, de experiências por meio de diversas plataformas. Caso trate-se de um projeto relacionado a veículos ou portais de comunicação, é provável que o projeto como um todo tenha de contemplar a transmídia e a crossmídia.

O designer digital precisa pensar que a web interativa está em todos os dispositivos que se comunicam na internet, sempre lembrando que a palavra *comunicação* está calcada em um conceito que define que, para a comunicação acontecer, a ação do emissor tem de provocar uma reação do receptor. Na web interativa, os produtos que permitem a comunicação não são somente os tradicionalmente conhecidos, como sites e aplicativos que podem ser baixados nas lojas dos sistemas operacionais dos *smartphones* (Apple Store ou Google Play). As *smart* TVs, conectadas à internet, também são um canal por meio do qual é possível se comunicar com a mídia, embora a questão de usabilidade e de ergonomia do controle remoto não seja ideal no quesito interatividade. Entretanto, o uso de aplicativos para controlar as *smart* TVs vem suprindo essa deficiência do controle remoto, por meio do qual é fácil efetuar buscas de vídeos, como no YouTube, e, com um toque, assistir na tela grande da televisão.

O uso do *smartphone* quando o telespectador está assistindo à televisão também é adotado para se comunicar com essa mídia, respondendo a enquetes, votando em uma próxima atração ou interagindo com um programa de *reality show*, no qual a decisão é do telespectador. Além do uso tradicional de enviar uma mensagem por meio das redes sociais, utilizando # (*hasthags*) para que mensagens apareçam na tela do programa televiso, é possível interagir por vídeo gravado, por transmissão ao vivo ou, ainda, por meio da interação via QR *Code*, mostrado na tela da TV para que o telespectador possa ter acesso a mais informações sobre o assunto ou produto. São diversas as formas de interação com essa mídia, e o profissional de design digital precisa pensar como será feito a interface da *smart* TV para contemplar esses recursos de transmídia e crossmídia.

O profissional de design digital é o responsável por construir todos esses projetos, desde o mais tradicional de websites e aplicativos, passando pela interface das *Smart* TVs e pelos aplicativos que interagem com as próprias *Smart* TVs. Todos esses projetos devem ser planejados e, pelo menos em parte, contemplar a transmídia e a crossmídia. Para estruturar um projeto, o designer digital precisa trabalhar em equipe com profissionais de outras áreas e até profissionais especializados em determinado campo do design, como autores e roteiristas focados em transmidía, profissionais criativos, design *thinkers*, designers de comunicação, desenvolvedores de *softwares* e *game* designers.

Uma das bases da transmídia é o cinema. Dessa forma, é recomendável que, na equipe, haja um roteirista transmídia, que tenha conhecimento da história e possa transmiti-la a outros profissionais, como o designer digital, explicando qual é o rumo da história, qual caminho ela deve seguir. Ele também pode indicar qual será a mídia principal e as adaptações que devem ser feitas nas outras mídias. O roteirista é um dos profissionais que mais dialoga com os demais colegas, principalmente o designer digital, se estiver à frente da gestão do projeto. O designer digital, no papel de gestor de projeto, não pode deixar de lado o desenvolvimento de sua função principal relacionada à criatividade. Caso o projeto seja desenvolvido por uma agência de publicidade, o designer digital precisa atuar em parceria com diretores de arte para participar ou ser o responsável pela criação de peças publicitárias e de comunicação do produto principal e de seus subprodutos.

O design *thinking* transmídia é uma área de atuação em que o profissional de designer digital pode especializar-se. Nela, ele será responsável pela idealização, aliando seu conhecimento técnico à arte e à criação de um projeto, avaliando e combinando procedimentos, técnicas, métodos, tecnologias, materiais e processos para o desenvolvimento, analisando os custos, a normatização e os procedimentos legais, com o objetivo de cumprir todos os requisitos do projeto de maneira que seja compatível com o investimento e a necessidade do cliente. O designer *thinker* transmídia, logicamente, precisa estar sempre atualizado com as mudanças e as inovações do mundo globalizado e em rede, além de reunir algumas qualidades, como:

- criatividade para apresentar resultados inovadores;
- formação aliada ao design digital e boa capacitação técnica no desenvolvimento de projetos;

- capacidade para analisar, avaliar e solucionar problemas;
- competência para trabalhar em equipe e com profissionais de outras áreas;
- comprometimento e ética para atuar seguindo os valores da sociedade.

Outra área que o designer digital pode especializar-se é o design de comunicação. Nela, esse profissional será responsável pelas etapas de criatividade que atuam na concepção de mensagens. Para tanto, é preciso conhecer o design gráfico, que inclui habilidade de trabalhar com identidade visual, logomarcas, material promocional, e também a área de atuação do design digital, que inclui criação de interfaces de *software*, aplicativos, navegação e UX, além de outras áreas de design, como o editorial, de superfície e de produtos. O design de comunicação é uma das áreas mais amplas do design, mas é fundamental nos projetos de transmídia e crossmídia.

Os desenvolvedores de *software* transmídia também são profissionais fundamentais para a equipe, visto que dominam linguagens, ferramentas e conceitos computacionais que contribuem para os projetos digitais por meio de sua visão sistemática. Eles são considerados criativos, pois são responsáveis por conceber soluções inovadoras por intermédio da programação, sendo conhecidos como *tecnólogos criativos* ou *coders* ("codificadores"). Os *games* designers, por sua vez, são profissionais especialistas em narrativas não lineares interativas. Eles são altamente indicados para participar de uma equipe de transmídia, não simplesmente para desenvolver jogos, mas também para agregar seu conhecimento sobre engajamento pela diversão e pelo desafio. Além de conhecer os processos de interação homem-máquina, são profissionais criativos nos projetos de gamificação e *fun*, que são os projetos com conceito de divertimento por meio da realização de uma atividade interativa.

6.5.1 Desenvolvimento de projeto de digital: transmídia e crossmídia

Com o conhecimento de transmídia e crossmídia, é quase uma obrigação que os projetos de design digital sejam desenvolvidos em diálogo com esses conceitos. A utilização de *frameworks* é um dos elementos que facilita o trabalho, pois a primeira etapa é ter a certeza de que o projeto está presente em vários canais. O uso de *frameworks* permite que atualizações de mídias diferentes, como Facebook, Instagram, Twitter e YouTube, apareçam no site ou em um aplicativo. Outros *frameworks*, que permitem que o usuário possa compartilhar o conteúdo de um site ou aplicativo diretamente de uma rede social, também proporcionam que o projeto dialogue com conceitos de transmídia e crossmídia.

Dessa maneira, o conteúdo pode ter vídeos, textos, fotografias com a mesma linguagem em cada rede social. Esses botões ou ícones de compartilhamentos devem estar dispostos na interface, onde o usuário encontre facilmente e entenda que é um conteúdo que pode ser compartilhado, e não simplesmente um *link* que direciona para a rede social do site ou aplicativo que ele está navegando.

O designer digital deve utilizar sua experiência para orientar a equipe que cuidará do conteúdo do site ou do aplicativo e ter o cuidado com a redação e a linguagem, que devem estar de acordo com a mídia na qual está sendo compartilhada, bem como com a persona. Isso provoca um melhor engajamento com o público que está navegando no site ou aplicativo. Além disso, é necessário levar em consideração que o público do site pode ser diverso e que o texto tem de ser de fácil entendimento para todos. As inúmeras possibilidades facultadas aos usuários de *smartphones* e *tablets* aliada à web interativa viabilizam que eles elaborem e compartilhem conteúdos autorais, gerando, assim, novos formatos de produção nos meios de comunicação e na própria indústria cultural. Os projetos de design digital precisam estar atentos para receber tais conteúdos e, principalmente, garantir que o conteúdo do website ou do aplicativo desenvolvido seja compartilhado e reutilizado como uma referência de conteúdo.

As novas tecnologias não somente agregaram maneiras inovadoras de comunicação do usuário e com a mídia, mas também possibilitam que o próprio usuário transmita sua informação, sua história. O designer digital pode utilizar essas referências na construção de um projeto digital que contemple, ainda que parcialmente, a transmídia e a crossmídia, bem como analisar as adaptações em que os formatos tradicionais, como a literatura, adequam-se a outra mídia de reprodução, como o cinema, por exemplo. Muitos livros são lançados já com a discussão se será adaptado para o cinema ou, em alguns casos, até para séries transmitidas pelas emissoras de televisão tradicionais ou serviços de *streaming* de vídeo e as chamadas web séries, planejadas para que sejam visualizadas no ambiente web: no *desktop*, no *notebook*, na *smart* TV ou no *smartphone*. Essas adaptações da literatura para o cinema, por exemplo, tornaram-se mais fáceis principalmente com o avanço das novas tecnologias de exibição, como televisão, *smartphones*, *notebooks*, *tablets*, entre outros. Assim, as novas redes de distribuição configuram-se por meio da rede mundial de computadores como YouTube, Facebook, Instagram, aplicativos de transmissão ao vivo de vídeo, como o Skype e o FaceTime, e aplicativos como WhatsApp, todos considerados crossmídia. Toda essa realidade deve servir como referência para que a construção de projeto de design digital contemple parte de transmídia e crossmídia, que, na verdade, já participam do dia a dia das pessoas. Nesse sentido, Jenkins (2011, p. 19) aborda a importância e o significado abrangente de transmídia em projetos digitais nos seguintes termos:

> A transmídia se refere a um conjunto de escolhas feitas sobre a melhor abordagem para contar uma história particular a um público específico, em um contexto particular, em função dos recursos disponíveis para determinados produtores particulares. Quanto mais se expandir a definição, mais rica pode ser a gama de opções disponíveis. Isso não significa que expandimos a definição de transmídia a ponto de contar tudo e qualquer coisa, mas significa que precisamos de uma definição sofisticada o suficiente para lidar com uma gama de diferentes exemplos.

A narrativa transmídia pode ser considerada como um fenômeno, sobretudo a partir da grande expansão dos dispositivos digitais, apresentando valores específicos com relação à produção e ao consumo de informações.

6.5.2 **Criação de layouts para entendimento dos processos transmidiáticos**

Os profissionais de design desempenham um papel importante nos processos da transmídia, até mesmo o profissional de design gráfico, que trabalha em uma editora, no projeto gráfico de um livro. Esse profissional, por exemplo, pode transitar em vários desdobramentos do produto principal, um livro impresso, e diversificar em um leque de vários outros produtos utilizando elementos de textos, visuais e imagens. O designer digital entra no desdobramento do produto principal, seja no processo de convergência do livro impresso para um *e-book*, usando os recursos mais simples como *links*, seja em um desdobramento mais planejado com desenvolvimento de aplicativo extremamente dinâmico e interativo, transformando textos e imagens do livro impresso em *links*, vídeos, áudios, animações, em que é necessário o desenvolvimento de layouts para entendimento dos processos transmidiáticos.

Para facilitar o desenvolvimento de layouts, os profissionais da área de design podem utilizar algumas ferramentas como o Adobe Creative Cloud, plataforma que, por meio de compartilhamento na nuvem, permite criar um grande fluxo de produtos digitais interconectados, ou seja, de transmídia. Essa plataforma possibilita criar livros impressos e lançar ao mesmo tempo, logicamente, de forma planejada, um *e-book* com interatividade básica ou aplicativos com nível de interatividade mais avançado. Com a utilização de *softwares* como o InDesign CC para o desenvolvimento do projeto gráfico, é possível exportar no formato conhecido como *ePub* (publicação digital). Nesse formato, é possível configurar a exportação, de forma fluida e responsiva, para adaptação dos dispositivos que possam ser visualizados. Para desenvolvimento da versão web, é possível utilizar as ferramentas do Adobe XD, com exportação HTML5 com a configuração responsiva, e também pode empregar o *software* Animate CC, exportando pelo Indesign CC no formato HTML5 responsivo, caso tenha o objetivo de criar animações a partir do livro impresso.

A utilização das novas tecnologias em projetos impressos, ou que não sejam digitais, como o exemplo de um livro, é somente uma das opções que o profissional de design digital pode utilizar como referência no desenvolvimento de layouts para entendimento dos processos transmidiáticos. Essa é também uma grande solução para que as editoras possam concorrer dentro do universo da multimídia sem perder sua *expertise*, que é trabalhar com livros. O designer digital pode aproveitar seus conhecimentos do design *thinking* e apresentar soluções inovadoras para seus clientes.

A internet das coisas refere-se à interconexão digital de objetos do cotidiano com a internet, como máquina de lavar, micro-ondas e *cooktops*. A transmídia e a crossmídia podem ser empregadas no conteúdo da internet das coisas sincronizado com os eletrodomésticos; em *wearables*, que são as tecnologias vestíveis, como roupas, que ainda não se tornaram populares (o termo pode ser conhecido como *dispositivos vestíveis*, em que os mais populares são as pulseiras ou os relógios). O designer digital é o responsável pela interface desses eletrodomésticos e dos dispositivos que, geralmente, podem ser operados por aplicativos próprios ou multitelas, a fim de facilitar a operação e o gerenciamento dos eletrodomésticos. A função nativa de uma máquina de lavar, por exemplo, é lavar roupas; quando ela é acionada, no aplicativo ou na multitela, essa ação poderá ser feita de qualquer lugar do mundo desde que o dispositivo e a máquina estejam conectados à internet.

Na prática, em uma campanha transmídia e crossmídia, poderíamos pensar que a geladeira pode veicular publicidade de comidas congeladas, a máquina de lavar pode veicular anúncios de amaciantes ou sabão em pó, e o micro-ondas, publicidades relacionadas a comidas de preparo rápido. Mas, além da publicidade, os eletrodomésticos poderiam também sugerir receitas, oferecer dicas sobre como lavar roupas ou como armazenar corretamente as comidas na geladeira e no refrigerador. A internet das coisas, diante do conceito de transmídia e crossmídia, pertence às novas mídias que podem proporcionar o acesso sob demanda para qualquer conteúdo, em qualquer lugar e hora, e também em qualquer dispositivo digital. Esses objetos, como eletrodomésticos acessados por aplicativos e multitelas, permitem a interatividade e a inserção de comentários e até de avaliações, com uma participação ativa e criativa dos usuários.

As novas mídias podem ser consideradas desde as mais conhecidas, como os buscadores na web, portais, lojas virtuais, serviços web, sites, *blogs*; as mídias sociais, como Twitter, Facebook; os dispositivos, como *smartphone*, *tablets*, aplicativos para computador ou dispositivos móveis; até as mídias que fazem parte do cotidiano e não são percebidas, como segunda tela, WhatsApp,

TV Digital com interatividade, IPTV, a televisão pela internet, *podcast*, *digital signage* (sinalização digital ou painéis informativos), mídias interativas, 3D, holografia, dispositivos vestíveis, internet das coisas, realidade aumentada, *streaming* ao vivo, telões como *outdoors* e totens multimídias; todos entram no rol de significação digital.

6.6 Tendências *mobile* e *apps*

Há pouco tempo, as facilidades encontradas no cotidiano não pareceriam realidade, como os aplicativos de transporte, *delivery*, além de funções como robôs que respondem a dúvidas de usuários. A tendência de aprimoramento desses aplicativos e suas funções e a integração com outros dispositivos, como óculos, proporcionam experiências de realidade virtual. A integração de aplicativos com a internet das coisas permite acessar aparelhos de uma casa ou de um escritório de qualquer lugar, desde que o usuário tenha acesso à internet.

Outra tendência são os assistentes virtuais, que, além de responder via texto, também podem responder a perguntas pronunciadas, ou seja, por voz. Esses benefícios trazem mais acessibilidade, e alguns sistemas operacionais de *smartphones* já contam com assistentes de voz, por exemplo, o Google Assistente, a Siri e a Alexa. Os *wearables* (que são as tecnologias vestíveis), como as pulseiras digitais, cada dia mais comuns, são usadas tanto para lazer quanto por questões de saúde. Esses tipos de dispositivos coletam informações e as transmitem para aplicativos.

Para que os projetos de design digital possam ser viabilizados, é necessária sua total integração à arquitetura da informação e *back-end*. O profissional que tiver conhecimentos básicos de tecnologias da informação sempre terá grande diferencial no mercado de trabalho. O design de interação é uma área específica de desenvolvimento de projetos que apresentam características interativas, como aplicativos, jogos, ensino a distância, treinamentos digitais e sites, sendo uma especialização que tem forte tendência no mercado. O design de interação é uma área do design especializada em projetos de artefatos interativos, como sites, jogos eletrônicos e *softwares*.

O uso criativo do marketing viral sempre lança uma tendência, mas, para isso, é preciso atualizar-se constantemente quanto aos desejos desse novo consumidor, que vive em uma sociedade digital. A base de campanhas virais nada mais é do que a propagação da informação boca a boca. Inicia-se entre as pessoas mais próximas, como amigos, parentes, conhecidos, e, quando há identificação, a pessoa divulga para outros grupos, iniciando assim uma grande teia de propaganda. Na sociedade digital, a disseminação do marketing viral geralmente é bem rápida, principalmente em tempos de redes sociais, em que várias pessoas pertencem a diversos grupos, e, ao se postar uma mensagem, em segundos, um grande número de pessoas têm acesso às informações. No entanto, é preciso tomar muito cuidado, pois o marketing viral pode ser usado tanto de forma positiva quanto de forma negativa, principalmente porque as pessoas tendem a divulgar mais os problemas, motivadas pela indignação, do que as situações em que ficaram satisfeitas.

Uma das funções do design é melhorar a usabilidade dos produtos. Na área de design de embalagens, por exemplo, inicialmente, a principal função é propor bom acondicionamento, proteção e conservação do produto ou alimento contido na embalagem. Entretanto, ao se atribuírem valores estéticos e de design em tais projetos, passa-se a ter atributos de propaganda que podem ser utilizados como estratégia de marketing, influenciando o comportamento de compra do consumidor e aumentando as vendas do produto.

Na área do design digital, não é muito diferente. O design da interface de um aplicativo influencia o comportamento das ações do usuário, já que pode empregar uma estética atrativa ou, ao contrário, provocar sensações desconfortáveis. Projetos de design digital que permitem a personalização e se preocupam com o formato e o tamanho do layout, a fim de adaptá-lo para diversos dispositivos, também se preocupam com a estética das cores e da tipografia, por exemplo, pois são aspectos que influenciam atitudes positivas dos consumidores.

É importante analisar algumas tendências comportamentais do usuário web. A netnografia é uma vertente da etnografia destinada a estudar como as pessoas e os grupos sociais comportam-se quando estão na internet, bem como suas dinâmicas de relacionamento não só no ambiente *on-line*, mas também no *off-line*. A etnografia fundamenta-se na antropologia com o objetivo de colher informações. Ela se baseia na relação subjetiva entre o antropólogo e seu objeto. Por exemplo: em uma aldeia de índios, o estudo é desenvolvido na própria aldeia. Na prática, a netnografia, na sociedade digital, é uma especialização da etnografia, que estuda o comportamento das pessoas nos grupos de notícias, fóruns, *blogs*, nas redes socais, aplicativos em geral, específicos de trocas de mensagens, entre outros.

Kozinets (2014), a maior referência no assunto, classifica dez parâmetros, que utilizam os padrões etnográficos tradicionais para avaliar e inspirar a qualidade netnográfica. São eles:

1. coerência;
2. rigor;
3. conhecimento;
4. ancoramento;
5. inovação;
6. ressonância;
7. verossimilhança;
8. reflexividade;
9. práxis; e
10. mistura.

Tais parâmetros indicam que a internet mudou a realidade das pessoas em diversas instâncias, como: consumidores, cidadãos, pensadores, formadores de opinião, denunciantes, blogueiros, produtores de conteúdo, amigos, fãs, estudiosos, ou seja, mudou-se a realidade de constituição dos membros da sociedade, conhecida, hoje, como *sociedade digital*.

Também é relevante conhecer a psicologia do consumidor, que, diferentemente da psicologia do consumo, que é mais abrangente, é a área da pesquisa que analisa o indivíduo, procura entender como o consumidor pensa e se sente quando adquire um serviço ou um produto. Quando se utiliza o fundamento de psicologia do consumidor, quer-se compreender a percepção do indivíduo em relação às suas decisões de consumo.

As grandes corporações procuram compreender a percepção de seus consumidores (e potenciais) utilizando os princípios da psicologia do consumidor a fim de descobrir como seus clientes pensam, como se sentem e como agem em relação a seus produtos. Por exemplo, podemos observar que determinadas pessoas são, de certa forma, apaixonadas ou fanáticas por determinado produto ou marca, chegando a ficar horas em uma fila quando acontece um lançamento de um produto. A psicologia do consumidor procura entender a forma emocional e sentimental dos movimentos psicossociais envolvidos no consumo de uma pessoa ou um grupo, estabelecendo princípios universais ou individuais. Nesse sentido, ao analisar os comportamentos de compra, a psicologia do consumidor conclui que as pessoas geralmente imaginam que compram determinado produto somente porque seu custo é menor ou pelos benefícios que ele apresenta, mas ainda se vai muito além, pois a compra provoca sensações e sentimentos no subconsciente e no consciente das pessoas. Todas essas questões devem ser analisadas como padrões e tendências digitais, portanto.

CONSIDERAÇÕES FINAIS

Neste livro, apresentamos o contexto histórico da arte e do design, contextualizando fundamentos da estética e da semiótica, pois, por meio desse conhecimento, é possível identificar com mais facilidade novas tendências que proponham soluções ao design digital. Pela história, estuda-se o passado a fim de entender mais profundamente o presente, e esse movimento abre espaço e norteia pontos de vistas futuros.

Diante dos avanços tecnológicos, é inevitável que seja imposto ao design digital a responsabilidade de propor soluções de consumo sustentável, já que este não é visto como um diferencial para a empresa, mas como uma necessidade. As respostas para essas soluções podem advir da compreensão da estreita relação entre a arte e o design, que, ao longo de todo o contexto histórico, sempre andaram lado a lado.

Abordamos, ainda, assuntos relacionados à definição do novo consumidor, à psicologia do consumo e à construção de personas, temas importantes para profissionais de design digital. Dessa forma, exploramos os principais fatores de comportamento do usuário no ambiente digital, tendo em vista, sobretudo, a utilização das redes socais, que, de certa forma, ajudam na sociabilidade, principalmente de pessoas que estão distantes ou que tenham certas afinidades. Discutimos, de maneira geral, sobre a experiência do usuário e a usabilidade, conceituamos personas e vimos o que pode ser definido como um gesto de empatia da empresa com seu consumidor. Toda essa bagagem de conhecimento pode ser utilizada para sugerir inovações ao departamento de design digital, prevendo e se preparando para eventuais contestações e avaliações, tanto positivas quanto negativas.

Ainda, apresentamos possíveis adaptações que o designer digital terá de implementar caso queira desenvolver projetos que estejam alinhados com a tecnologia atual, utilizando, para isso, diferentes tipos de imagens. Também analisamos as cores visualizadas no modo de cor RGB (*red*, *green* e *blue*), direcionadas para o uso digital e consideradas "cores luz", pelo fato de serem visualizadas em dispositivos de telas que emitem luminosidade, como monitores, *tablets*, *smartphones* etc. Assim, podem ter cores com brilhos fluorescentes, por exemplo, e esse tipo de imagem recebe o nome de *bitmap*.

Portanto, as soluções para as novas tecnologias relacionadas aos novos tamanhos e tipos de telas dependem de uma constante atualização e do desenvolvimento de projetos direcionados, não simplesmente adaptados a essa nova realidade, e que, logicamente, estejam amparados pelo departamento de marketing, responsável por informar se a nova tecnologia será ou não uma tendência. Dessa forma, convém criar projetos personalizados para esses novos formatos que surgem no mercado.

Em suma, as diversas funcionalidades dos dispositivos digitais permitem que os conceitos de usabilidade e de experiência do usuário sejam aplicados de maneira criativa nas interfaces. Nesse contexto, os projetos devem ser desenvolvidos para que todos os usuários possam acessar e executar as ações necessárias, independentemente de seu conhecimento do mundo digital. Os projetos de design digital podem utilizar os fundamentos do ergodesign para proporcionar uma ótima experiência ao usuário. Os profissionais de design digital precisam estar atentos às tendências de comportamento *mobile* e *apps*, pois é por meio dessas ferramentas que se obtém uma boa experiência do usuário, aumentando as probabilidades de conversões para os diversos públicos do projeto de design digital.

REFERÊNCIAS

AGNER, L. **Ergodesign e arquitetura de informação**: trabalhando com o usuário. 2. ed. Brasil: Quartet, 2009.

APPLE. **Apple Developer**. Disponível em: <https://developer.apple.com>. Acesso em: 2 fev. 2021.

BATISTA, C. R. **Modelo e diretrizes para o processo de design de interface web adaptativa**. 158 f. Tese (Doutorado) – Curso de Programa de Pós-Graduação em Engenharia e Gestão do Conhecimento, Engenharia e Gestão do Conhecimento, Universidade Federal de Santa Catarina, Florianópolis, 2008.

BLAIR, G. S. The Role of Open Implementation and Reflection in Supporting Mobile Applications. In: INTERNATIONAL WORKSHOP ON DATABASE AND EXPERT SYSTEMS APPLICATIONS, 9, Vienna, Austria, p. 394-399, 1998.

CARRERA, F. **Marketing digital na versão 2.0**. Lisboa: Edições Sílado, 2009.

CERI, S.; FRATERNALI, P.; BONGIO, A. Web Modeling Language (WebML): A Modeling Language for Designing Web Sites. In: PROCEEDINGS OF THE 9TH INTERNATIONAL WORLD WIDE WEB CONFERENCE, Elsevier, 2000.

CHU, C. et al. Map-Reduce for Machine Learning on Multicore. **Rexee Inc.**, Stanford Univesity, 2007. Disponível em: <https://proceedings.neurips.cc/paper/2006/file/77ee3bc58ce560b86c2b59363281e914-Paper.pdf>. Acesso em: 2 fev. 2021.

COOPER, A.; REIMANN, R.; CRONIN, D. **About Face 3**: the Essentials of Interaction Design. New Jersey: Wiley, 2007.

CYBIS, W. de A.; BETIOL, A. Holtz; FAUST, R. **Ergonomia e usabilidade**: conhecimentos, métodos e aplicações. 2. ed. São Paulo: Novatec, 2010.

FIDLER, R. **Mediamorphosis**: Understanding New Media. Thousand Oaks, CA: Pine Forge Press, 1997.

FORMAN, G. H.; ZAHORJAN, J. The Challenges of Mobile Computing. **Computer**, v. 27, n. 4, p. 38-47, abr. 1994.

FOX, R. OCLC Systems & Services: International Digital Library Perspectives. **Emerald Insight**, Indiana, USA, v. 28, n. 3, p. 119-125, 17 ago. 2012.

GARRETT, J. J. **The Elements of the User Experience**. San Francisco: New Riders, 2003.

GIESSMANN, A.; STANOEVSKA-SLABEVA, K.; VISSER, B. de. Mobile Enterprise Applications: Current State and Future Directions. In: HAWAII INTERNATIONAL CONFERENCE ON SYSTEM SCIENCE, 45., Estados Unidos, 2012.

JENKINS, H. **Cultura da convergência**. São Paulo: Aleph, 2011.

JORDAN, P. W. **An Introduction to Usability**. Londres: Taylor & Francis Ltda., 1998.

KALBACH, J. **Design de navegação web**: otimizando a experiência do usuário. Porto Alegre: Bookman, 2009.

KERCKHOVE, D. O senso comum, antigo e novo. In: PARENTE, A. (Org.). **Imagem máquina**: a era das tecnologias do virtual. São Paulo: Ed. 34, 1993.

KOZINETS, R. V. **Netnografia**: realizando pesquisa etnográfica online. Porto Alegre: Penso, 2014.

KRUG, S. **Não me faça pensar atualizado**: uma abordagem de bom senso à usabilidade na web e mobile. Rio de Janeiro: Alta Books, 2014.

KULPA, C. C.; TEIXEIRA, F. G.; SILVA, R. P. da. Um modelo de cores na usabilidade das interfaces computacionais para os deficientes de baixa visão. **Design e Tecnologia**, n. 1, p. 66-78, set. 2010. Disponível em: <https://www.ufrgs.br/det/index.php/det/article/view/8/7>. Acesso em: 2 fev. 2021.

LAUREL, B. **Computers as Theatre**. New York: Addison-Wesley Publishing Company, Inc., 1993.

LEE, H.; CHUVYROV, E. **Beginning Windows Phone App Developement**. [S.I]: Apress, 2012.

LEONE P.; GILLIHAN, D.; RAUCH, T. Web-based Prototyping for User Sessions: Medium-Fidelity Prototyping. In: SOCIETY FOR TECHNICAL COMMUNICATIONS ANNUAL CONFERENCE, 44., Toronto, p. 231-234.

LEVIN, M. **Designing Multi-Device Experiences**: An Ecosystem Approach to User Experiences across Devices. Kindle ed. [S.l.]: O'Reilly, 2013.

LÉVY, P. **As tecnologias da inteligência**: o futuro do pensamento na era da informática. Rio de Janeiro: Editora 34, 1993.

LUESCH-REIS, A. M. Comunicação didática e design. **Boletim Técnico do Senac**, Rio de Janeiro, p. 85-106, 1991.

MAKINO, T.; JUNG, C.; PHAN, D. Finding More Mobile-Friendly Search Results. **Google Webmaster Central Blog**, 2015. Disponível em: <https://developers.google.com/search/blog/2015/02/finding-more-mobile-friendly-search>. Acesso em: 2 fev. 2021.

MARCOTTE, E. **Responsive Web Design**. A List Apart. 2010. Disponível em: <http://alistapart.com/article/responsive-web-design/>. Acesso em: 2 fev. 2021.

MCAFEE, A. P. Emerald: Mastering the Three Worlds of Information Technology. **Harvard Business Review**, v. 84, n. 11, p. 141-149, 2006.

MOFFATT, K. et al. Participatory Design with Aphasic Individuals. **Extended Abstracts of Graphics Interface**, 2003. Disponível em: <http://www.cs.ubc.ca/~joanna/papers/GI2003_abstract.pdf>. Acesso em: 2 fev. 2021.

NEIL, T. **Padrões de design para aplicativos móveis**. São Paulo: O'Reilly, 2012.

NIELSEN, J. **Usability Engineering**. Londres: Academics Press, 1994.

NIELSEN, J.; LORANGER, H. **Usabilidade na web**: projetando websites com qualidade. Rio de Janeiro: Elsevier, 2007.

PEIRCE, C. S. **Semiótica**. São Paulo: Perspectiva, 1990.

PEREIRA, H. B. B. **Análisis experimental de los criterios de evaluación de usabilidad de aplicaciones multimedia en entornos de educación y formación a distancia**. 434 f. Tese (Doutoral em Engenharia Multimídia), Universitat Politècnica de Catalunya, Barcelona, 2002.

PHONEGAP. **About**. Disponível em: <http://phonegap.com/about/>. Acesso em: 2 fev. 2021.

PREECE, J.; ROGERS, Y.; SHARP, H. **Design de interação**: além da interação homem-computador. Porto Alegre: Bookman, 2005.

PRUITT, J. S.; ADLIN, T. **The Persona Lifecycle**: Keeping People in Mind Throughout Product Design. Amsterdam: Elsevier/Morgan Kaufmann, 2006.

POWELL, T.; JONES, D.; CUTTS, D. **Web Site Engineering**: Beyond Web Page Design. New Jersey: Prentice Hall, 1998.

QUESENBERY, W. **Using Personas**: Bringing Users Alive, STC Usability SIG Newsletter–Usability Interface. 2004. Disponível em: <http://www.stcsig.org/usability/newsletter/0310-personas.html>. Acesso em: 2 fev. 2021.

REGISTROBR. **Registro de novos domínios**. Disponível em: <https://registro.br/ajuda/registro-de-novos-dominios/>. Acesso em: 2 fev. 2021.

REVELLA, A. **Buyer Personas**. New Jersey: Wiley / Hoboken, 2015.

ROCHA, H. V.; BARANAUSKAS, M. C. **Design e avaliação de interfaces humano-computador**. Campinas: Nied/Unicamp, 2003.

ROCHA, I. **Síntese dos conceitos básicos introduzidos**. In: Ciência, Tecnologia e Inovação: Conceitos Básicos. ABIPTI / SEBRAE / CNPq. Brasília: 1996. p. 119 -143.

SANTAREM SEGUNDO, J. E.; CONEGLIAN, C. S. Tecnologias da web semântica aplicadas a organização do conhecimento: padrão SKOS para construção e uso de vocabulários controlados descentralizados. In: **Organização do Conhecimento e Diversidade Cultural** [S.I: s.n], 2015.

SANTOS, R. L. G. dos. **Usabilidade de interfaces para sistemas de recuperação de informação na web**: estudo de caso de bibliotecas on-line de universidades federais brasileiras. 2006. 347 f. Tese (Doutorado) – Departamento de Artes e Design, Pontifícia Universidade Católica do Rio de Janeiro, Rio de Janeiro, 2006. Disponível em: <https://www.maxwell.vrac.puc-rio.br/colecao.php?strSecao=resultado&nrSeq=9731@1>. Acesso em: 2 fev. 2021.

SMUTNY, P. Mobile Development Tools and Cross-Platform Solutions. In: CARPATHIAN CONTROL CONFERENCE (ICCC), 13, Eslováquia, 2012.

STANOEVSKA-SLABEVA, K.; WOZNIAK, T. Opportunities and Threats by Mobile Platforms: The (New) Role of Mobile Network Operators. In: INTERNATIONAL CONFERENCE ON INTELLIGENCE IN NEXT GENERATION NETWORKS (ICIN), 14., Berlim, 2010.

TEIXEIRA, F. **Introdução e boas práticas em UX design**. Brasil: Casa do Código, 2014.

WROBLEWSKI, L. **Mobile First**. Nova York: A Book Apart, 2011.

YANG, B.; ZHENG, P.; NI, L. M. **Professional Microsoft Smartphone Programming**. Indianopolis: John Wiley & Sons, 2007.

SOBRE O AUTOR

Leandro da Conceição Cardoso é mestre em Tecnologias da Inteligência e *Design* Digital pela Pontifícia Universidade Católica de São Paulo (PUC-SP), graduado em Comunicação Social com habilitação em *Design* Digital pela Faculdade Ibero--Americano. Foi docente no Centro Universitário das Faculdades Metropolitanas Unidas (FMU) nos cursos de *Design* de Interiores, Artes Visuais e Fotografia. Também atuou como Analista de Desenvolvimento Pedagógico Sênior, no grupo Laureate EAD. Atualmente, é professor do Centro Paula Sousa, lecionando na Escola Técnica Estadual (Etec) nos cursos de Comunicação Visual, Marketing, Eventos, Desenvolvimento de Sistemas, Multimídia, Audiovisual, entre outros. Foi um dos idealizadores da Maratona de Criação na Escola Técnica Estadual (ETEC) Albert Einstein. Trabalha como conteudista, validador, revisor técnico e desenvolvedor de planos de ensino para a graduação e a pós-graduação, estando vinculado a empresas que prestam serviços para diversos clientes, sobretudo universidades. Já foi diretor de arte e criação e, atualmente, também é consultor e presta serviços na área de *design* gráfico, digital e marketing digital.

Os papéis utilizados neste livro, certificados por instituições ambientais competentes, são recicláveis, provenientes de fontes renováveis e, portanto, um meio **responsável** e natural de informação e conhecimento.

```
FSC
www.fsc.org
MISTO
Papel produzido
a partir de
fontes responsáveis
FSC® C103535
```

Os livros direcionados ao campo do Design são diagramados com famílias tipográficas históricas. Neste volume foram utilizadas a **Baskerville** – desenhada pelo inglês John Baskerville em 1753, que inovou trazendo floreios da caligrafia para a tipografia – e a **Futura** – lançada pelo alemão Paul Renner em 1927 em harmonia com os ideais da Bauhaus.

Impressão: Reproset
Maio/2023